高等学校小学教育专业系列教材

小学科学微型课教学技能实训

主　编　陈　莉
副主编　何君辉　钟昌振　陈　典
　　　　魏　哲　彭官敏
编　委　贺娇娜　张　懿　张玉莹
　　　　张　航　黄比娜　何　卓
　　　　李志鹏　严　鑫　黄思思

南京大学出版社

图书在版编目(CIP)数据

小学科学微型课教学技能实训/陈莉主编. -- 南京：南京大学出版社，2020.7
 ISBN 978-7-305-22991-6

Ⅰ.①小… Ⅱ.①陈… Ⅲ.①科学知识－教学研究－小学 Ⅳ.①G623.62

中国版本图书馆 CIP 数据核字(2020)第 037511 号

出版发行 南京大学出版社
社　　址 南京市汉口路 22 号　　邮 编 210093
出 版 人 金鑫荣

书　　名 小学科学微型课教学技能实训
主　　编 陈莉
责任编辑 钱梦菊　　　　　　编辑热线 025-83592146

照　　排 南京南琳图文制作有限公司
印　　刷 常州市武进第三印刷有限公司
开　　本 787×960　1/16　印张 11.75　字数 220 千
版　　次 2020 年 7 月第 1 版　2020 年 7 月第 1 次印刷
ISBN 978-7-305-22991-6
定　　价 35.00 元

网址：http://www.njupco.com
官方微博：http://weibo.com/njupco
官方微信号：njupress
销售咨询热线：(025) 83594756

* 版权所有，侵权必究
* 凡购买南大版图书，如有印装质量问题，请与所购
 图书销售部门联系调换

前　言

教师教学技能是教师最重要的技能。高等师范院校对师范生进行有目的、有计划、系统的教师教学技能训练，是引导师范生将专业知识和教育学、心理学的理论与方法融合，并转化为具体从师任教的职业行为的一种方式，对师范生毕业后胜任教师工作具有重要作用。

关于教师基本技能训练的教材很多，但是，关于小学科学教师基本技能训练的教材几乎没有。本教材的主编从事科学教育专业师范生微型课教学技能训练近十年，其间不断观摩小学科学课堂教学，积累了大量的培训科学教学技能的经验，因而在此基础上组织完成了本教材的编写工作。

本教材可以作为科学教育专业必选课程、小学教育专业（全科或理科方向）的教师教育类选修课程、科学教师国培培训教材以及科学教师资格证考试的参考教材。适用于未来从事小学科学教学和正在从事小学科学教学的新任教师。

本教材共分五章，第一章首先探讨了微型课的特点，然后分三章阐述了小学科学微型课教学的基本技能、教学设计技能和教学实施技能等训练的基本原则、训练策略和方法以及评价等内容，最后，在第五章介绍了小学科学说课和评课技能的特点、流程和基本要求等内容。

在本教材的编写过程中，始终坚持以下原则：

一是实践性。教学技能需要理论和实践结合，在这个过程中，实践是最初的目的，也是最终的目标。本教材采用大量的实际案例，真实地再现了科学教育专业师范生进行科学教学技能训练的场景，同时，配以具体的分析和指导，使教材具有较高的实用价值。

二是专业性。本教材是针对科学教师教学技能训练的指导用书，教材中所有的案例均围绕科学教学而展开，且针对的是未来的科学教师和新任科学教师，专业指向性明显。

三是操作性。本教材将科学教学技能分成三大类，每大类下又分很多具体的技能。教材对教学技能的训练以具体的技能而展开，指导细致入微，便于教师教学和学生自学。

本教材是湖南省哲学社会科学基金项目"新中国小学《科学》教科书的内容演变与社会变迁研究（17YBA102）"的研究成果，由湖南第一师范学院、湖南民族职业学院、湖南幼儿师范高等专科学校、怀化学院等四所院校的老师和毕业学生联合编写，编写者在各自的教学岗位上都有专长，并积累了丰富的经验，为本教材的完成奠定了坚实的基础。

本教材的编写人员及执笔章节如下：第一章由贺娇娜编写；第二章由严鑫、张航、张懿、张玉莹、黄比娜、陈典、钟昌振等编写；第三章由陈莉编写；第四章由陈莉、何君辉编写；第五章由魏哲、彭官敏编写。最后由陈莉统稿、定稿。何卓、黄思思、李志鹏等老师对本书的PPT制作和编写提供了支持和帮助。

在本教材的编写过程中，参考了国内外有关的论著和教材，采用了部分优秀科学教师的教学案例，在此一并致以深深的敬意与谢忱。

限于我们的视野和编写水平，本教材难免有疏漏之处，敬请专家和广大读者批评指正。

陈莉

2020年5月

目 录

微信扫码

微型课录像视频等资源

第1章 微型课概论·· 1

第2章 小学科学微型课教学基本技能训练······················ 6
  第一节 课堂讲解技能·· 6
  第二节 粉笔字技能·· 10
  第三节 板书设计技能·· 19
  第四节 板画技能·· 24
  第五节 仪表仪态训练·· 31
  第六节 实验操作技能·· 38
  第七节 多媒体课件制作技能·································· 60

第3章 小学科学微型课教学设计技能训练······················ 72
  第一节 教学设计·· 72
  第二节 教学课题的选择······································· 80
  第三节 教学目标的确定与叙写······························· 87
  第四节 教学策略和教学方法的选定··························· 98
  第五节 教案的要素及其撰写·································· 102

第 4 章 小学科学微型课课堂实施技能训练……………108
第一节 进场和退场技能………………………………109
第二节 课堂导入技能…………………………………114
第三节 衔接(过渡)技能………………………………122
第四节 提问技能………………………………………125
第五节 课堂组织与管理技能…………………………131
第六节 课堂反馈(评价)和强化技能…………………136
第七节 处理偶发事件的技能…………………………141
第八节 结束技能………………………………………146

第 5 章 小学科学说课和评课技能训练……………………152
第一节 小学科学说课的意义与流程…………………152
第二节 小学科学说课的主要问题与基本要求………159
第三节 小学科学评课的特点与流程…………………170
第四节 小学科学评课的基本要求……………………176

参考书目…………………………………………………………182

第 1 章

微型课概论

本章概述

微型课因其时间简短、容量较小、场地灵活以及能够对众多人员的教学能力分别做出甄别与评估的特点，越来越多地成为教师评聘、考核与教学研究的主要参考指标之一。微型课教学的意义在于：它是教师更深入地研究学生的一种方式，也是教师更好地提升自身专业素养的一种途径，它推动着课堂教学有效地向前发展，更帮助教师以及师范生们在微型课的训练场上探索和实践。

一、微型课概述

1. 微型课及其目的

微型课是时间长度短、教学容量小的模拟性、虚拟性的教学活动。一般一节微型课用时约为一节课的四分之一至二分之一时间不等，即约 10—20 分钟。和正常课相比，微型课是"麻雀虽小，五脏俱全"，正常课所需要的教学设计、教学环节，微型课都需要。和正常课堂不同的是，正常课是整体的、实际的，听课者是学生，学生是教学的主体，功用是根据课程标准，完成教学任务。而微型课是局部的、模拟的，听课者是领导、同行或专家（即使有学生参与，学生也不是评价的主要力量），功用是教研或评估。因此，教师在微型课的教学中要力求展现个人的教育教学理念、基本教学技能、学科专业水平及指导学生的学习能力等素养。

微型课属于"经济实用"型课，它对教学场地等要求不多，能够在有限的简短时间内，对众多人员的教学能力分别做出甄别与评估。目前教师培训、教学竞赛、教师评价、评聘中小学高级职称、选聘中小学教师以及报考教师资格证、师范生教学技能训练等活动都频繁使用微型课。

2. 微型课的类型

从不同角度，微型课可以分成不同类型。

从教学内容看，微型课可分为节选与专题两种类型。节选型微型课是从教材中选取某些片段进行教学，教者根据节选的内容确定教学目标，设计教学方案，然后实施课堂教学。专题型微型课是从某节课中抽取一个专题(或一个知识点、能力点，或一个教学环节)让教师施教，教者以此为目标进行教学。

从教学场景看，微型课可分为实境(有生课堂)和虚境(无生课堂)两种类型。实境型微型课为教者提供真正的课堂，教者可以面对学生进行教学。虚境型微型课则只能面对评委或参加教研活动的老师进行模拟教学。由于虚境型微型课不为时空所限，操作方便，所以尽管有脱离学生主体之弊，但事实上更频繁地被使用。

从选题来源看，微型课可分为自定和他定两种类型。自定型微型课是由教者自己选择片段教学的内容，一般可以提前准备；他定型微型课则由他人(如专家、评委、组织者等)指定选题，教者按要求进行片段教学。他定型微型课又可以分为两种情况，一种是提前告知题目，教者可以提前准备，另一种是临时抽签，当场限时准备，依次上课。后一种被认为能够比较客观地检测教师的素质和教学水平，因而在教师资格证考试和一些教学比赛中被采用。

二、微型课的特征

微型课具有以下特征：

1. 微小性

即小而微，是指微型课时间少，教学内容比正常课的内容精简，一般是选择一两个知识点进行授课。

2. 完整性

即小而全，是指设计过程、内容、教学过程及环节等都不能少。微型课是一个完整的教学过程，它必须经历从备课到上课的完整的教学活动过程，即教师用自己的教育教学理念解读教学内容、研究学情、制定教学目标、确定教学重难点、安排教学程序、选择教学法等，并在此基础上，设计出微型课，然后在规定的时间内演绎出来。微型课和正常课一样，要完成教学目标、实现教学重点和教学难点的突破，要有清晰而又完整的教学步骤和实施过程。由此可见，微型课是小而完整的课。

3. 预设性

凡事预则立，不预则废。从某个角度上来说，微型课教学成功与否的关键在于预设的充分不充分。由于微型课大部分是无生课堂，因此教学的各个环节都需要预设，其中学生对学习内容的反应预设尤为重要，这关系到整个微型课的教学是否关注到学生的水平和感受,教师是否真正具有"学生是学习的主体"的意识。所以,当面对一个问题时,教师要预设不懂的学生是怎样回答(反应)的、半懂不懂的学生又会是怎样回答(反应)的、已懂的学生会是怎样回答(反应)的……,只有这样,微型课的教学才能够贴近真实的教学,体现其价值。

4. 虚拟性

微型课的虚拟性主要表现为如下方面:(1)教学对象的虚拟性。在无生型微型课上,教学的对象是虚拟的。(2)教学场景的虚拟性。在没有学生配合的情况下,教师需要模拟一定的场景,如学生的发言、学生的活动以及师生之间的对话交流等,以推动教学的顺利进行。(3)教学媒体的虚拟性。如果微型课不能够提供教学媒体和教学器材,必要时教师还需要虚拟这些媒体和器材。(4)教学过程的虚拟性。这种虚拟性要突现一种"真实感""现场感""过程感",从而有效地保持课堂教学中活生生、鲜灵灵的精气神。以下是在科学微型课中,一位教师对教学虚拟的运用:

教师:请同学们仔细观察教师手中的洋葱皮(实际上什么也没有拿),我请一位同学说说他观察到了什么?

教师虚拟教学场景:穿红色衣服的这位女生举手了,请你来回答。

教师虚拟学生回答:洋葱皮很薄,很透明,有点点紫色。

教师虚拟评价:这位同学观察得很仔细,发现老师手中的洋葱皮薄而透明。你们看不看得到洋葱皮里面的结构啊?(停顿)看不到,很正常。我们需要把它放到显微镜下去看。

教师虚拟教学活动(放入显微镜、调试显微镜、通过显微镜观察洋葱皮):老师看到了一个微小的世界。大家想不想看看?好,请看显微镜下洋葱皮结构投影(教师模拟指示投影),这里展示了显微镜下洋葱皮的微小世界,洋葱表皮是由很多细胞组成的……

5. 丰富性

微型课要展示课堂教学过程的精妙与奥秘,而不是简单的教学言语的过渡与串联。它必须具有正常课教学中的种种复杂性与微妙性。这里的丰富性主要包含四个方面:(1)教学目标的丰富性。同正常课堂教学一样要有主要目标、次要目标,要有显性目标、隐性目标,要有三维目标的贯穿与整合。(2)教学方法的丰富性。微型课可以采用各种各样的方法相互补充、相互映衬、相互支持,为教学服务。(3)教学手段的丰富性。微型课在预设中要突破现实环境的制约与局限,可以以一种"理想的教学环境"进行教学。多媒体、实物演示、情景模拟等各种教学媒介与手段都可以采用。(4)教学过程的丰富性。在微型课教学过程中,要对学生的学习过程进行预设,如问题的预设、回答的预设、评价的预设……教师可以根据以上不同层次的预设因势利导或因材施教,在知、情、意、行等多方面进行不同的教学指导,使教学过程丰富多彩。

三、微型课教学的意义

微型课是一种浓缩的、特殊的教学活动,由于微型课不受时间和空间的限制,灵活、方便,经常作为考核教师和教学研究的主要参考指标之一。微型课教学的意义在于:

1. 有利于促进教师深入地研究学生

在虚拟的微型课中,学生是被想象出来的,他们并不在场。教师要有条不紊、有声有色地将教学演绎出来,必须设身处地对学生学习心理、学习过程进行揣摩:要预先了解学生在学习某个知识点或某个内容时,可能会遇到什么问题;要事先考虑到个别学生在某个问题的回答上可能会出现怎样的错误;要推测学生们经过这样的交流讨论会得出怎样的结论……这一过程会促进教师对学生的深入研究。

2. 有利于提升教师的专业素养

虽然微型课用时只有短短的10—20分钟,但是却要展示相对完整的一个教学过程。在短时间内,微型课需要展示教者多方面的教学技能,这就需要教者熟悉课标和教材、领会教学理念、推敲教学语言、琢磨教学活动、设计教学问题……教师的教育教学综合素养就会在经过千锤百炼、精益求精的过程中得到提升。

3. 有利于增加课堂教学的有效性

微型课重点突出,节奏紧凑,内容不得拖沓,这正是高效率课堂所追求的。教师通过微型课的实践,可以进一步明确教学的重点、难点,理清教学的思路,这样就可以克服教学中重点不突出、训练不到位等问题,提高课堂教学的效率。

4. 有利于增强教师训练的实践性

现行的师范类课程大多脱离课堂、脱离教学、脱离学生,其结果往往流于纸上谈兵,造成知行不一,缺乏实践能力。微型课就是可以将理论学习与课堂教学实践结合,通过实训从而达到提升师范生教育教学技能之目的。

四、微型课与说课的区别

和微型课一样,说课也是检测教师技能的一种教学形式。说课就是教师针对某一观点、问题或具体课题,口头表述其教学设想及其理论依据的活动。微型课和说课的不同在于:微型课是一个完整(模拟)的课,它有师生的双边互动,体现了课堂心理因素的相互作用;而说课只是谈论课堂教学,主要任务是给特殊听众(如领导、同行、教育研究员)说明上课的依据、缘由,重在说清"怎么教"和"为什么这么教",侧重于理性的阐述,带有研究教学方法的性质。

课后练习

1. 简述微型课的特征。
2. 微型课所要展现的教师个人核心素养包括哪些?

第 2 章 小学科学微型课教学基本技能训练

 本章概述

教学基本技能是教师在进行课堂教学必须拥有的基本技能,它不涉及学科区别,是所有教师都必须具备的能力。本教材的教学基本技能包括师范教育一直强调的"三笔一画一话"、仪表仪态以及现代技术在教学中的运用等方面。由于平时课堂教学展示的基本是粉笔字,所以本教材在三笔字训练中只选取了粉笔字的训练。又由于实验技能是科学教学必不可少的技能,因此添加了实验技能训练部分。总的来说,本教材的教学基本技能包括课堂讲解技能、粉笔字技能、板书技能、板画技能、仪表仪态技能、实验技能和多媒体制作技能等。

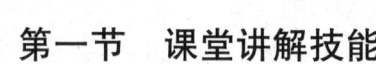

第一节 课堂讲解技能

一、课堂讲解技能概述

教师课堂讲解技能是教师进行课堂教学最常使用的技能。课堂讲解技能是指教师通过语言及各种教学媒体,引导学生分析、综合理解、概括,形成概念、定理、法则等知识体系的教学行为方式。课堂讲解的实质是通过语言来传递知识、技能和思想。课堂讲解不同于其他场合的表达,它要求运用语言,在较短的时间内,激发学生学习兴趣,引导学生的思维,从而使学生了解、理解和掌握所学知识,提高和培养学生的思维能力。

二、课堂讲解技能的原则

讲解是课堂教学的主要形式。讲解是单向性的信息传输过程,主动权掌握在教师手中,因而易于控制、省事省力。在教师精心组织的讲解中须遵循以下原则,方能达到信息传输的密度高、学生的盲目认识少的课堂效果。

1. 目的性

讲解要目的明确,重点突出,每一段讲解都要有一个主题,要围绕主题提供材料,不能使人不知所云。比如,"维持生态平衡"的教学,主题是要弄清楚"为什么要维持生态平衡",很多新手教师由于没有理解核心内容,因而导致讲解时不能抓住核心词"维持"做文章,而是把大量的时间放在食物网或者是具体的环境污染问题(环境污染和生态失衡不是同一概念)上,使讲解偏离目的。

2. 针对性

教师讲解的对象和材料因年级和学科而不同,同一学科不同类型的知识也需要不同的讲解,因此讲解具有较强的针对性。在不同的教学阶段,教学目的和教学任务不同,教学活动所呈现的特征也不一样,另外受到学生的年龄、性别、个性、受教育程度以及家庭环境的影响,教师讲解时都要考虑针对性。现在教学交流很频繁,许多教师会在不同的学校上同一节课。比如,一所是城市里的科学教育开展得很好的学校,另一所是某乡村几乎没有正式开过科学课的小学,同样讲实验注意事项,讲解时前一所学校就只要提醒一下,而后一所学校就必须详细讲解了,这就是讲解针对性的表现。

3. 准确性

讲解的目的是传授知识,知识具有科学性,科学的知识必须用准确的语言表达才能维持其真理性的一面,所以,对知识内涵的阐述、对现象的描述、对概念定义与观点的表达等,都要准确无误,做到语意准确,不模棱两可,不产生歧义,不导致误解。比如前面的"维持生态平衡"一课,很多教师举的例子都是"大气污染"和"水污染"等环境污染问题,这就不准确,因为"环境污染"不等于"生态失衡"。

4. 生动性

教学是一个既严肃又充满活力的过程,生动活泼的教学讲解是吸引学生的磁铁,生动的讲解要形象直观,富于表现力;要深入浅出,明白易懂;要饶有趣味,富有幽默感。实践证明,一位讲解幽默、妙语连珠的教师比语言干巴或词不达意的教师更吸引学生,促进他们主动地学习这门课程。

三、讲解技能的方法

讲解方法可以分为解释型讲解、描述型讲解、归纳型讲解和演绎型讲解。

1. 解释型讲解

解释型讲解是对要学习的内容进行解释、分析,一般用于概念的定义、题目的分析、公式和符号的说明等。例如,在"天气符号"的微型课教学中,一位教师这样解释"小雨""中雨""大雨"和"暴雨"的符号:

　　教师:我们知道,有雨得先有云,所以我们画"雨"的符号时,要先画"云"(在黑板上画出云的图形)。有云不一定下雨,所以要在云的下面画"雨"。我们用两个上下的小斜点代表雨(在云图形下画出雨的图形)。如何表示雨的大小呢?对,一列斜点代表小雨,两列斜点代表中雨,三列斜点代表大雨,四列斜点代表暴雨。

2. 描述型讲解

描述型讲解是对要学习的内容进行描述,从而使学生能够认识某一现象、概念或事物。例如,在"沉与浮"的微型课教学中,一位教师这样描述"沉"与"浮"的概念:

　　教师:假设讲台上有一杯水,我们将铁块和木块放入水中。我们会看到铁块最后有一个面和杯子底是接触的,木块有一部分是露出水面的,像铁块这样的我们就叫"沉",即"铁块是沉在水底的",而像木块这样的叫"浮",即"木块是浮在水上的"。

3. 归纳型讲解

归纳型讲解是采用归纳的方法讲述所教的知识内容。这种讲解主要用于概念、原则和规律的获得。归纳型讲解的程序为:提供材料—指导分析—综合概括。例如,在"各种各样的花"一课中,可以采用的归纳型讲解程序如下:

　　(1) 教师引导学生观察各种各样的花;
　　(2) 学生汇报观察结果,教师将学生的观察结果展示在黑板上(可以采用泡泡图);
　　(3) 教师和学生从众多的观察结果中找出花的共同结构:花都有花瓣、花蕊、花托、花粉等部分。

4. 演绎型讲解

演绎型讲解是采用演绎的方法将所学的概念、原则等分解、运用。主要是用于定理、法则、原理的讲解，它是用一般性原理，推出特殊情况下结论的讲解。演绎型讲解的程序为：提出问题—分析探求—提供证据—得出结论。例如，在上面"各种各样的花"一课中，通过观察归纳得出了"花的一般结构"，接下来就可以采用演绎法进行讲解，将花的一般结构推向特殊而具体的花的结构的讲解，程序可以如下：

（1）教师要求学生找到桃花、菜花、蒲公英等花的花瓣、花蕊、花托、花粉等部分；

（2）教师指导学生比较桃花、菜花、蒲公英等花的花瓣、花蕊、花托、花粉等部分有何不同；

（3）教师引导学生发现桃花、菜花、蒲公英等花的花萼等其他结构；

（4）教师引导学生得出结论：花有不同的种类、不同的颜色、不同的形状等等，所以花是各种各样的。

四、讲解技能的评价

讲解技能的评价内容和标准如表2-1所示（供参考）：

表2-1 讲解技能评价内容及其标准

评价内容	权重	评价标准				
		优	良	中	及格	差
讲解的目的明确	0.20					
讲解的方法与新知识联系紧密	0.30					
讲解科学准确	0.20					
感情充沛、语言清晰	0.15					
能调动学生积极性，促进思维	0.15					
您还有什么意见和建议？				得分（百分制）：_____		

说明：其中优为90—100分；良为80—89分；中为70—79分；及格为60—69分；差为60分以下。不打小数。

> 课后练习

1. 在网络中找一节科学课的教学实录,从中找出教师的讲解文字,分析其分别属于什么类型的讲解并给予一定的评价。建议整理的格式如下:

本内容来自:××教师××课教学实录(网络地址)				
讲解类型	讲解对象	具体内容	我的评价	备注
解释型				
描述型				
归纳型				
演绎性				

2. 从《义务教育小学科学课程标准》(2017)中找出 4 个不同领域的概念,完成概念的讲解。建议的格式如下:

  讲解概念:磁力
  讲解类型:解释型
  讲解内容:(略)

第二节 粉笔字技能

  字的书写是师范生的一项必备的基本职业技能,一般的师范院校都将"三笔字"的书写作为必修课程。"三笔字"是毛笔字、钢笔字(包括圆珠笔)、粉笔字的统称。在日常的课堂教学中,粉笔字和板书紧密联系,对教学的影响最大。

一、粉笔字的书写姿势

  粉笔字是教师站在黑板前面,面对直立的书写面用粉笔书写而成的。其书写时站姿为:头正身直,两脚微微分开站稳,右臂自然弯曲。人与黑板的距离一般以 30 cm 左右为宜(图 2-1)。

图 2-1　粉笔书写站姿图　　　　　图 2-2　粉笔字执笔图

粉笔字执笔的方法为：腕、臂悬起，拇指、食指、中指三指执笔，掌虚指实。手背面向自己，手指距粉笔头 1 cm 左右，粉笔在掌心内，与黑板面呈 30—50 度夹角为宜（图 2-2）。

书写粉笔字时，以手腕运笔为主，手指灵活辅助。由于粉笔易磨损，书写时要不断转动粉笔，以保持线条的均匀。

二、粉笔字的书写要求

粉笔字书写的基本要求主要有两点：

1. 规范

规范是指汉字书写要规范。首先是不能写错别字。汉字的规范标准是：(1) 简化字以 1986 年 10 月经国务院批准重新发表的《简化字总表》为准（该表共收简化字 2 235 个）。(2) 异体字中的选用字以 1955 年 12 月文化部和中国文字改革委员会联合发布的《第一批异体字整理表》为准。(3) 字形以 1988 年 3 月国家语委和新闻出版总署联合发布的《现代汉语通用字表》为准（该表共收录字 7 000 个）。[①]

其次是汉字书写的笔画、结构和笔顺要规范。一般小学课堂上的汉字书写

---

① 注释：推行规范汉字是国家的一项语言文字政策。2001 年起实施的《国家通用语言文字法》已将语言文字规范化、标准化工作纳入法治轨道。

以楷书为宜,楷书的笔画主要有八种,分别为点、横、竖、撇、捺、提、钩、折。基本笔画根据王羲之"永"字八法而来,它是构成汉字的基础。根据汉字的部件多少,汉字可分为独体字和合体字。独体字又称单体字,只有一个部件,如田、中、天、大、人、三、川、王、日、目、心等。合体字有多个部件,根据部件与部件的方位关系,合体字的结构主要有以下几种:左右结构——如体、读、旅等;上下结构——如苗、盆、臂等;包围结构——如周、医、国等。

笔顺是教师在实际书写过程中比较容易出错的方面,要引起教师的高度重视。笔顺的书写具有一般规则,为"先横后竖,先撇后捺,从上到下,从左到右,从外到内,先中间后两边,先里头后封口。"另外还有一些补充规则:(1)点在上边或左上,先写。如:衣、为;(2)点在右上或里边,后写。如:我、瓦;(3)半包围结构中:① 上右和上左包围的,先外后里。如:句、压;② 左下包围的,先里后外。如:边、廷、道、延;③ 上边未包围的,先里后外。如:凶、幽、函;④ 下边未包围的,先外后里。如:用、同、冈;⑤ 右边未包围的,先上后里再左下。如:医、巨、匠。

还有的比较特殊,如:出、非、兆、舅、方、火。具体笔画如下:出——竖折、竖、竖折/竖弯、竖;非——竖、横、横、横、竖、横、横、横;兆——撇、点、提、竖弯钩、撇、点;舅——撇、竖、横、横折、横、横、竖、横折、横、竖、横、横折钩、撇;方——点、横、横折钩、撇;火——点、撇、撇、捺。①

2. 美观

美观包括单字的美观和整体布局的美观。单字要求笔画清晰、结构平稳、书写规范、无错别字。整体布局要求字距行距合理、紧凑、工整、匀称。总的来说,在书写粉笔字的时候每一笔都要书写清楚,符合笔顺的规范,不能随意增减笔画或改变笔画的组合搭接关系和位置,不能随意变动偏旁部首的位置等。避免把字形写歪斜,力求字形端正。在单字的基础上,粉笔字整体布局应该和谐,字和字、行与行之间避免过挤或过于松垮,以符合大众的感官审美取向。

三、粉笔字的训练

粉笔字的训练和毛笔字、钢笔字的训练都需要一个长期的坚持的过程。训练一般是从笔画开始,而后是结构和排版。

---

① 注释:1997年4月,《现代汉语通用字笔顺规范》将《现代汉语通用字表》的隐性规范笔顺变成了显性规范笔顺,明确了部分两难字的笔顺。例如:火、叉、爽,调整了"敝""脊"两字的笔顺。

(一)笔画训练

笔画训练要领有:

1. 起笔与收笔

粉笔不同于软笔无过多的逆、藏、回起收,如若过之亦失去较多的书写流畅感。起笔可侧笔切入或滑入,收笔往下稍带拖顿或提笔出尖。如下图2-3"横"采用侧切顿收的写法显得庄重、"撇"采用露锋滑入的感觉会显得轻灵飘逸。

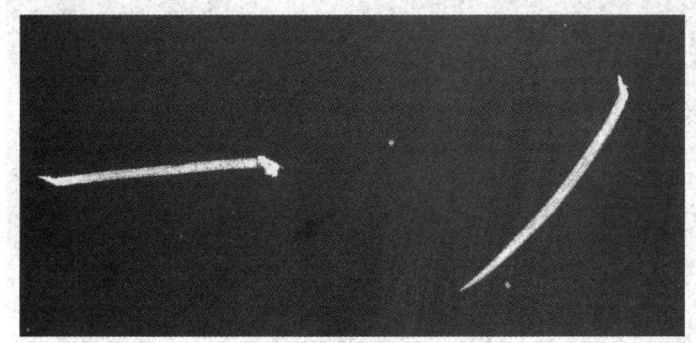

图2-3 起笔与收笔示意

2. 转笔与折笔

"转"是圆笔画的方法,"折"是画方的方法,方圆结合笔画亦美。笔画的首尾及转折的地方有折线、有棱角、成方形的笔画称为方笔。方笔画是由折锋、顿笔形成的,使笔毫的变化充分显露在外形上,凸显笔画的骨气,苍劲挺拔。笔画的首尾及拐弯处不露棱角,成圆形的笔画称为圆笔。圆笔是由转锋、提笔形成的,使整体架构看起来圆润且潇洒飘逸(图2-4)。

图2-4 转笔与折笔示意

3. 行笔

粉笔在书写过程中无须做过多的中锋、侧锋、偏锋之分,注意书写时转动粉笔,使用笔头不同的侧面进行书写,细节之处可以根据力度的大小进行提按,丰富笔画的形态(图2-5)。

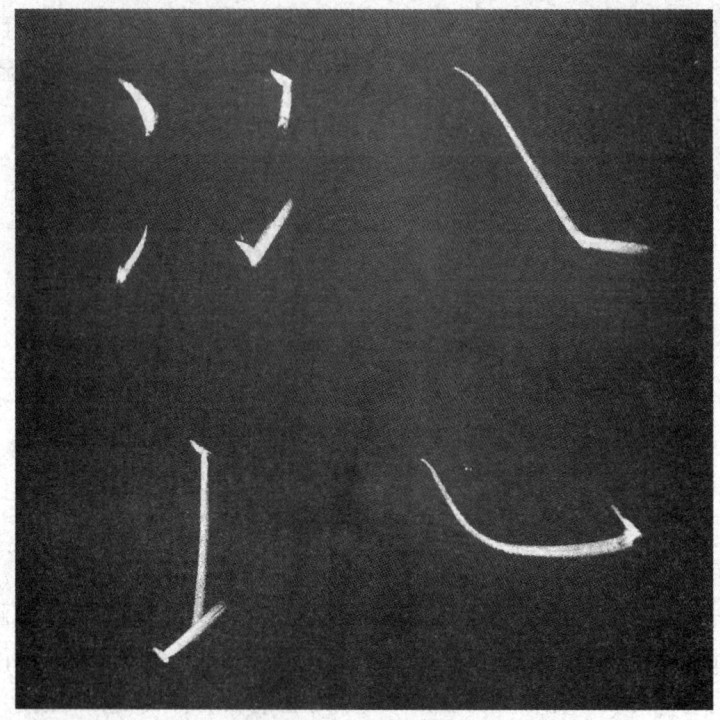

图2-5 行笔示意

(二) 结构训练

汉字结构训练技巧:粉笔字、钢笔字于毛笔字而言没有粗细对比,因而字的结构就显得尤为重要。从人的视角、自然审美而言,梯形、三角形(三角形具有稳定性)及其组合形态最吻合人的审美观念,书写时应该尽量使字的形状接近以上形状。具体如下:

1. 左右结构

左部宜呈左放右收(图2-6)。左边的笔画伸展空间较大,右部的笔画大致齐平,如"语""放"中"言"和"方"字旁做左半部,皆舒展左半之势;右部宜右放左收,如下图所示——右半部"放"之捺尾、"语"之长横皆放得很开。故此字若是左右结构,则宜两端放中间收。

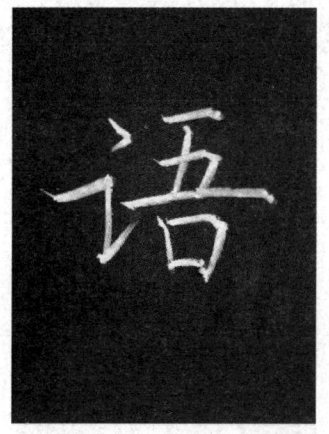 

图 2-6　左右结构示意

2. 上下结构

宜上紧下松，上部笔画间的间距可缩短，给下半部舒展的空间。宛如大树不会从底部就茂密生长，只有中上部以上才会枝繁叶茂。如"等、雪"二字皆将上半部笔画间距缩短而拉伸下半部笔画间距，给人以上紧下松之空间感（图 2-7）。

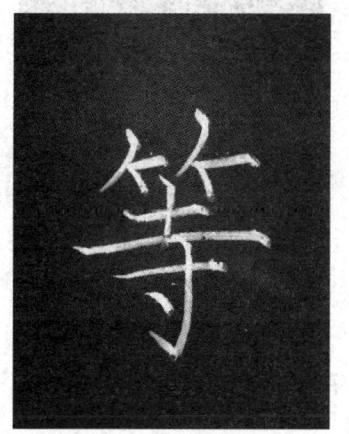 

图 2-7　上下结构示意

3. 包围结构

宜内紧外松。内部团紧，如"周、围"二字需刻意收紧内部的吉、韦，与外部包围的边框有一定距离，不然连成一块易造成视觉混淆（图 2-8）。

图 2-8 包围结构示意

4. 独体字

以上结构皆可适用其中(图 2-9)。

图 2-9 独体字结构示意

总的来说,汉字书写需大体上把握几个规律:结构稳、中宫收紧、主笔突出。

练习建议

如果一开始练习粉笔字就漫无目的去写,很容易走弯路。初学者选用一本好的字帖作为临习的范本,会事半功倍。面对琳琅满目的古今书家法帖,初学者又很容易陷入选择困难症,对于小学教师而言,推荐以小楷字帖练习粉笔字,小楷字帖中可选二王、唐人写经、文征明、赵孟頫等进行临摹。

四、粉笔字的评价标准

粉笔字水平一般分为三级六等。一律要求用楷书或行书书写,在非特殊情况下,不得使用篆书、隶书、草书等字体。一律使用简化汉字,不得繁简间杂。

(1) 一级甲等:能在规定时间内完成书写任务,书写规范,文字正确。重心稳妥,结体美观,字体大小安排得当,通篇布局均衡,干净整齐。得分为97—100。

(2) 一级乙等:能在规定时间内完成书写任务,书写规范,文字正确。重心比较稳妥,间架大致合理美观,字体大小安排失误少。通篇布局大体均衡,整齐干净。得分为90—96。

(3) 二级甲等:能在规定时间内完成书写任务,书写较规范,文字正确,重心基本稳妥。布局较均衡,通篇字距、行距、疏密尚可,横行两端大致整齐。得分85—89。

(4) 二级乙等:能在规定时间内完成书写任务,书写基本规范,文字正确。多数字重心稳妥,间架安排基本得当。布局谋篇大体尚可,但横行走向不太平稳,两端不太整齐。得分80分以上。

(5) 三级甲等:书写一般,文字正确。能在规定时间内完成90%的书写量。4/5以上文字结体重心稳妥,间架结构安排得当。布局谋篇失误在1/5内,两端不整齐。得分70以上。

(6) 三级乙等:书写不够规范,文字正确。能在规定时间内完成80%的书写量。3/5以上文字结体重心稳妥,间架结构安排得当。布局谋篇失误在2/5内,两端不整齐。得分60分以上。

(7) 不及格:书写不规范,错字较多,严重超时,文字结构基本不合理;布局谋篇存在明显的缺陷。得分60分以下。

从等级评分要求来看,书写规范、文字正确十分重要。书写不规范、文字错误会在教学过程中对学生产生不良影响,因此要避免。

粉笔字的评价内容及其标准见表2-2(供参考):

表 2-2　粉笔字评价内容及其标准

评价内容	权重	评价标准				
		优	良	中	及格	差
书写规范,笔画清楚到位,无错别字,标点无误	0.20					
间架结构合理,笔画流畅,分布均匀,清楚有力	0.30					
章法自然,整体感观舒服,字体美观,大小适中,不空不挤	0.30					
版面整洁,美观匀称,不涂不描	0.20					
您还有什么意见和建议?		得分(百分制):_____				

说明:其中优为 90—100 分;良为 80—89 分;中为 70—79 分;及格为 60—69 分;差为 60 分以下。不打小数分。

案例点评

下面为湖南省郴州市某小学科学教师"岩石会改变模样吗"的课堂板书,就其粉笔字点评如下:

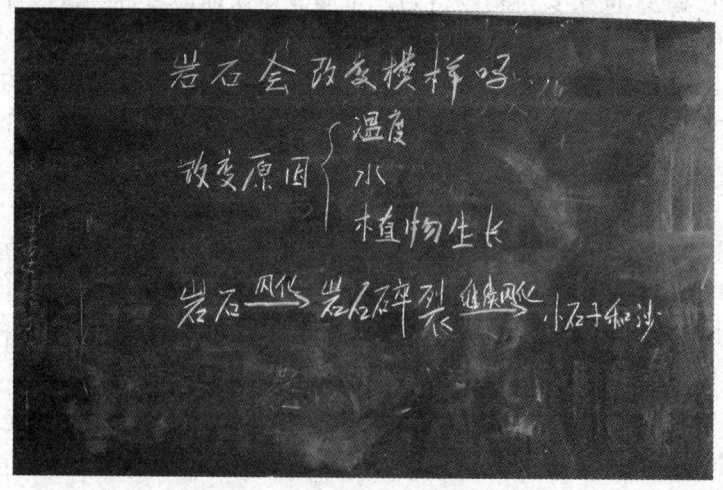

图 2-10　"岩石会改变模样吗"板书

从整篇结构而言,字距、行距均无大碍,板书思路较为清晰;以单字笔触、结字可看出该教师在书写时较为急促,笔画书写不够清晰,结字过于肆意,同时连贯的写法致使笔画有省略,不太规范。如两处"变"字异变较大,中间少了一处短竖;"化"的竖弯钩中钩被省略;"吗、碎、生"的写法过于草率等。不规范的写法在小学阶段可能会致使学生在识字上产生错误的认识,造成不好的影响。从"植物"二字又可看出该书者因粉笔的使用不规范,故使得"物"在笔画上过于粗厚,显得皮软无力。

课后练习

1. 练习"小学科学课""物质科学""生命科学""地球与宇宙科学""技术与工程"等汉字。

2. 在网络上找一份科学课的板书,在黑板上完成粉笔字的书写。

第三节 板书设计技能

一、板书及其作用

板书是指教师根据教学的需求,在黑板上用文字、图形、线条、符号等再现和突出教学核心活动的活动,是教师最基本的教学技能之一。板书的内容一般是从教学内容中抽取其关键词句,按照一定的逻辑关系组成的一个有机联系的知识结构。板书是直观性教学原则在课堂教学中的具体体现,是提高课堂教学效果的一种有效又经济的手段。科学研究证明:在进入人脑的各种信息中视觉信息约占75%。可见视觉信息的重要性,而板书就是教师在课堂上利用视觉形象向学生交流信息、传递知识的过程。因此,板书是课堂教学必不可少的重要手段。

二、板书的基本要求

板书不仅要传授知识,还具有引导和训练学生养成良好的书写和画图习惯的功能。板书的基本要求如下:

(1) 书写规范、有示范性。书写规范主要是指板书的字母、符号、文字、图形等都应是正确的,尤其是文字的笔画顺序也应该正确;其次,板书字迹要工整,易于学生辨认。

(2) 条理清楚、布局合理。板书需要事先周密计划和精心设计,设计的内容有:确定好板书的内容,规定好板书的格式,酝酿好板书的位置。只有做到以上几点,在课堂教学过程中,才能有条不紊地按照计划进行,并配合讲解加以灵活运用。

(3) 形式多样,启发思维。根据教学内容和学生的实际情况,教学设计时要认真选择板书的类型,启发学生的思维。课堂教学中要充分利用板书促进学生思考,激发学生的学习兴趣,加深学生对知识的理解和记忆。

(4) 文字图表,科学准确。板书中使用的学科术语符号、关键词语必须科学精确,不能出现混乱不清的错误。

(5) 板书应简明,重点突出。板书内容要有精选,做到重点突出,详略得当,不必面面俱到。一堂课后通过板书就能纵观全课,了解全貌,主次分明,给人以清晰的印象。

(6) 利用教具、节约时间。板书要求教师书写流利清楚,也可以借助投影仪、电视等现代教具进行板书,这样既节省时间,又直观形象,是对传统板书的发展和改革,但是对逻辑性较强的定律法则的证明,则慎用之。

三、板书的类型

板书类型多种多样。主要有:

1. 提纲式板书

提纲式板书是指按照教学内容,用科学概念或规律中的重点词语,分层次编排出知识结构提纲或者内容提要。它的特点是能紧扣教学内容,突出教学重点,条理清晰、从属关系分明,能直观地给学生呈现出完整的内容体系,启迪学生的思维,便于学生对教材内容和知识体系进行理解和记忆,而且还能培养其分析概括的能力。如无脊椎动物的分类,采取以下板书,可把节肢动物突出出来(图2-11)。

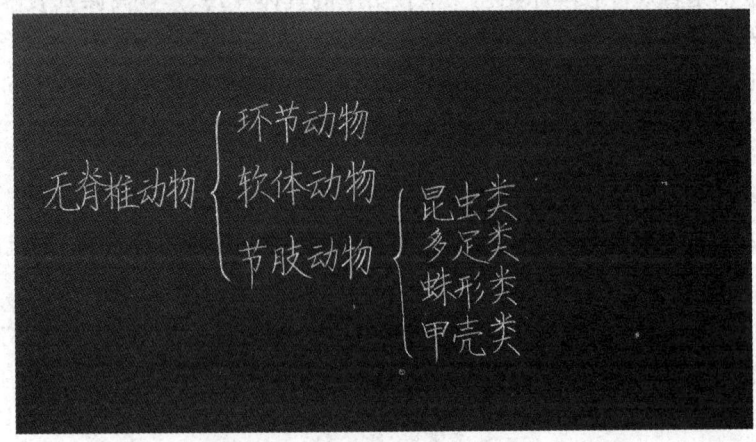

图2-11 提纲式板书示意

2. 图示式板书

图示式板书是指教师运用图形、线条、箭头、符号等并配合必要的文字来组织教学内容的板书方法。在所有的板书形式中,图示式板书是最具直观形象性的板书类型,这种板书能一目了然地把教学内容呈现在学生面前,很容易引起学生的注意,使其饶有兴致地探求学习内容,理解内容中的逻辑关系和深层含义。此类型板书特别适用于有一定难度的教学内容和低年龄段的学生,如《比较水的多少》一课,教师就可以用图示记录学生的实验方案(图2-12)。

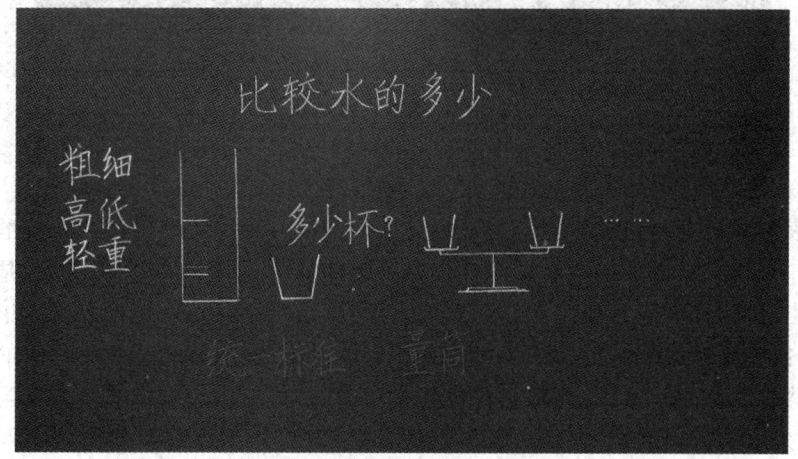

图2-12 图示式板书示意

3. 辐射式板书

辐射式板书是根据教学内容的各部分,紧扣探究问题或中心而设计。通过图文并茂的板书将文字、图片围绕中心问题展开,教学内容更清晰,教学重点更突出,学生学习的要点更明确。辐射式的板书既有利于学生的知识归纳和整理,又有助于学生聚焦性思维的发展。在实际应用中,可以有一个中心,也可以有多个中心,这主要由教学的内容而定,下面是《我们周围的空气》一课的示例(见图2-13)。

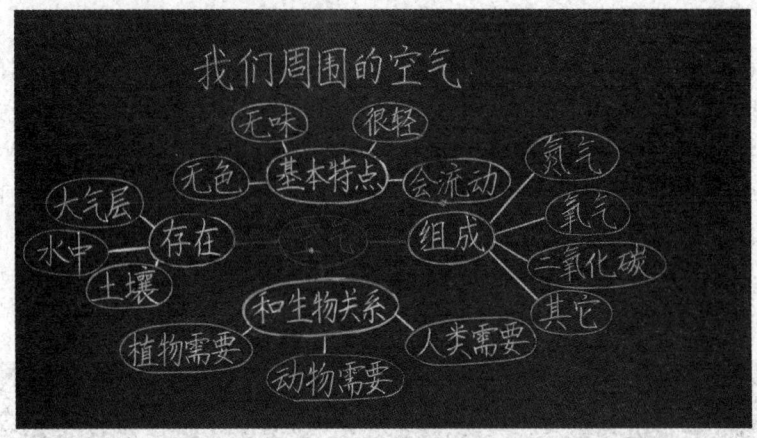

图 2-13　辐射式板书示意

4. 表格式板书

表格式板书是将教学内容的要点与彼此间的联系以表格的形式呈现的一种板书。表格式板书一般用于知识性强并可以明显进行分类的内容。可以是教师设计出表格，让学生用自己的语言填写；也可以由教师边讲解边把关键词语填入表格，或者先把教材中的知识内容梳理成简明的框架结构，增强教学内容的整体感与透明度，比其他形式的板书更利于学生参与，更有助于调动学生的学习积极性，激发学生的创造性，使其进行高层次的认知加工，加深对事物的特征及其本质的认识。如《铁生锈了》一课就可以表格式板书为主体（图 2-14）。

图 2-14　表格式板书示意

5. 线索式板书

线索式板书是按自然科学逻辑或教学内容的先后顺序进行板书的形式。如讲解《食物在体内的旅行》一课时，教师可设计以下线索式板书，使教学内容条理清晰，一目了然，便于接受（图2-15）。在板书中，文字要通俗易懂，内容要简明符合逻辑，要便于学生记录，并且在较长时间以后可以再现；相比较而言，表格式的板书，重在对易混淆的同类属性的对比。板书中的所有字、符号图画都要有意义，只有标题而无内容的板书是无效的，尽量避免。

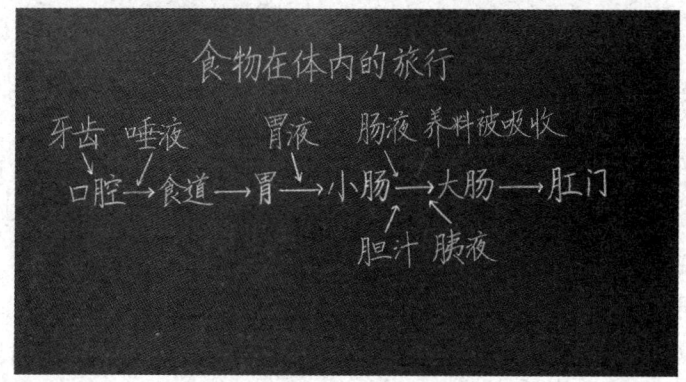

图2-15 线索式板书示意

四、板书技能的评价内容和标准

板书技能的评价内容及其标准见表2-3（供参考）：

表2-3 板书技能的评价内容及其标准

评价内容	权重	评价标准				
		优	良	中	及格	差
文图准确，有科学性	0.20					
层次分明，有条理性	0.20					
书写规范，有示范性	0.20					
重点突出，有计划性	0.20					
布局合理，有艺术性	0.15					
形式多样，有启发性	0.15					
您还有什么意见和建议？				得分（百分制）：_____		

说明：其中优为90—100分；良为80—89分；中为70—79分；及格为60—69分；差为60分以下。不打小数分。

> **课后练习**

1. 在小学科学教材中找一节课,根据课程内容设计板书。
2. 在网络上找与题目1相同内容的教学板书,比较分析各自的特点。

第四节　板画技能

一、板画及其作用

在教学活动中,科学教师用粉笔迅速以极简单的线条(会添加些符号、文字)将复杂的科学事物、科学实验、科学概念等形象地呈现在黑板上,形成板画。作为形象化的语言,板画在科学课堂中具有以下作用:

1. 帮助学生构建科学概念

根据皮亚杰的认知发展理论,小学阶段的学生正处在具体运算阶段,还没达到形式运算阶段。具体运算阶段的学生思维具有一定的局限性,其抽象的语言推理还未完全发展,因此其思维的时候还离不开具体事物的支持。即他们在理解抽象的科学概念时,必须借助形象的物质作为媒介依托。板画具有简洁明了的特点,板画的绘制往往摒除了很多次要的干扰因素,直指科学概念的核心要点,可以很好地帮助学生提炼科学概念或现象等的本质特征,从而可以帮助学生快速有效地构建科学概念。

例如,关于"沉浮"的科学概念,很多学生对于物体处于水的什么位置代表沉浮不是很清楚。如图2-16,教师通过一组板画,学生很快就能够明白什么状态是"沉",什么状态是"浮"了。

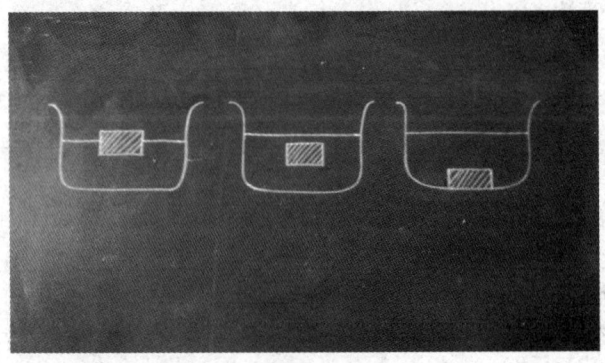

图2-16　沉和浮

2. 促进学生对科学现象的理解

在科学教学中,学生经常有一些难于用语言文字表达的想法或者是表达起来极为烦琐,这时候就可以利用板画,为想法的表达搭建桥梁。例如,关于小灯泡的内部结构,学生可能有四种不同的猜想,用文字表达分别是:(1)电流传到竖起来的一根灯丝,灯丝尖端会被点亮,这时候小灯泡也被点亮了;(2)小灯泡玻璃泡的空气中有灯丝,电刺激了它,小灯泡就亮了;(3)有立起来的很多根灯丝,每根灯丝都被电刺激了,同时发散出光芒;(4)从小灯泡下端立起来两根金属,金属之间被灯丝连通起来,通电后灯丝发光,小灯泡亮了。即使是文字表达得十分准确,但是分享或表达时其他学生也很难理解,如果此时用到如下的板画(图2-17),就很容易理解了。[①]

图2-17 电灯的结构

3. 弥补没有实际教学材料的不足

在微型课教学中,有时候没有提供实际的材料或一时难以找到适当的材料和器具,此时教师可以运用板画来弥补。例如,教师资格证考试面试试讲,一般就不提供实验材料。如果课题是"食物链",一般的教师基本上是采用文字板书,而此时如果教师采用板画,如图2-18,就更为形象直观,从而弥补了教学材料的不足。

---

① 注释:有研究表明,在视觉信息传输中,识别的效果因不同方式而异:如用文字识别需1.7秒,而用图像识别,只要1.5秒。

图 2-18　食物链

4. 灵活易评估

板画由于可随时擦除和添加,具有很高的灵活性,教师在课堂上可以测评学生知识概念的掌握情况,对于认知仍有错误的,可以及时反馈并指导修改。例如,在"滑轮组"一课的学习中,我们需要组装定滑轮和动滑轮,可是如何绕线才是可行的呢?这时候,如果配上滑轮组的板画,请学生绘制绕线方法,既可以了解学生对于滑轮组的前知识水平,又可以帮助学生纠正错误认知。以下是"滑轮组"课堂教学中学生的绘图情况(图 2-19)。从图中学生多次擦除和修改的痕迹可以看出,学生在绘制时也在不断修正自己的想法。教师在学生完成后讲解时,可以十分具体而细致地展开评估,甚至破除学生的一些迷思。

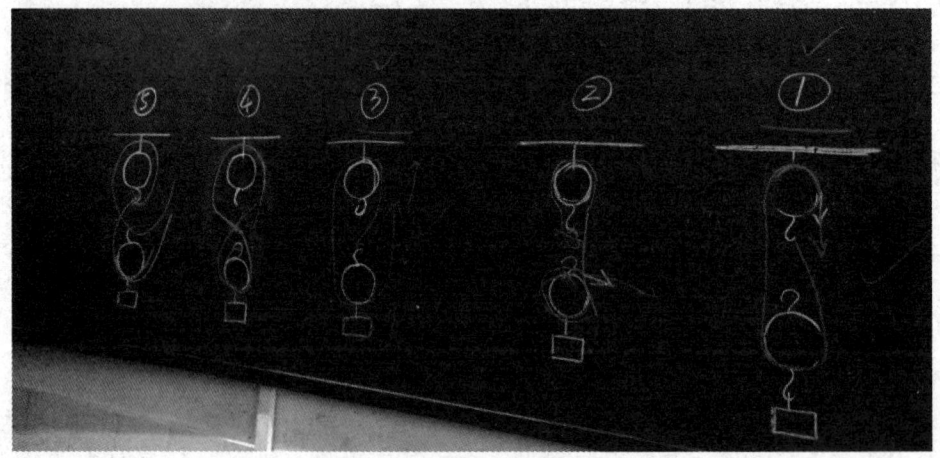

图 2-19　滑轮组

二、板画的要求

在绘制板画时,有以下要求:

1. 化繁为简

板画是对事物大致轮廓的简要表达,往往是寥寥几笔,就要呈现事物的大致面貌,其中浓缩着事物的形状大小,蕴含着对事物之间的逻辑联系。繁杂冗余的事物,要根据具体的教学需要,用简单的线条勾画出主要的轮廓,省去无用的细节描述,使板画简单明了。

例如,在学习《自行车上的简单机械》(教科版六年级上册第一单元)时,复杂的自行车结构通常会让学生眼花缭乱,难以理清自行车上包括哪些重要部件、部件之间的联系如何。这时,教师采用以下板画(图2-20),化繁为简,很快可以清晰地呈现出复杂形象下的本质结构,达到良好效果。

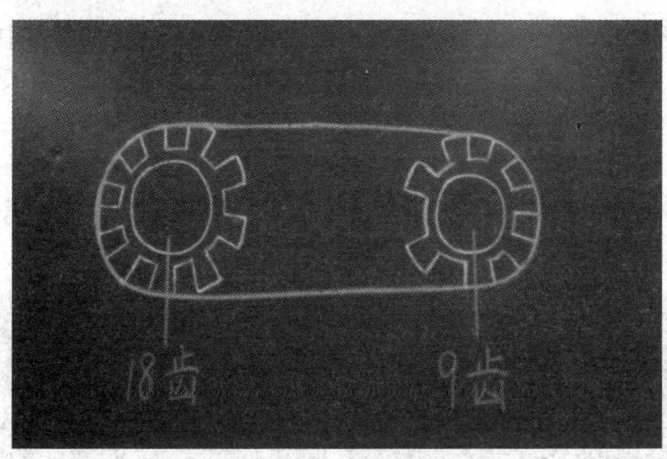

图 2-20　链传动结构

2. 要点明晰

好的板画要能够抓住要点,理清逻辑。例如,在《杠杆类工具的研究》(教科版六年级上册第一单元)一课中,学生需要运用已有知识理解生活中的杠杆类工具。书上给出的杠杆类工具一共有13种之多,但是这些杠杆都有共同的特点,即支点、杆、用力点和阻力点,这时候就可以借助板画(图2-21)进行教学。

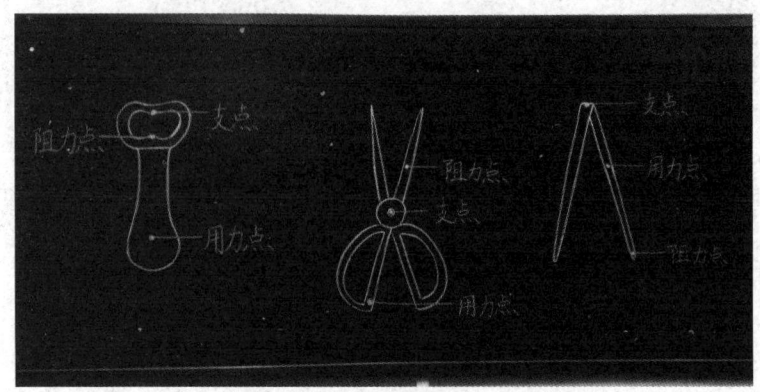

图 2-21 杠杠类工具的研究

3. 识别度高

识别度高要求绘制者能够画得像。例如,在"蜗牛"一课的学习中,我们通过观察知道蜗牛具有似螺的甲壳、头部有两对触角、大的触角顶端有眼、腹部柔软分泌黏液等特点,这时候,如果配上蜗牛的板画,将使教学方式更丰富、学习氛围更活泼,有利于学生加深对蜗牛的认识。以下是两位教师的蜗牛板画(图2-22),左图形象失真,学生基本不能正确认识蜗牛的结构特点,因此不能够起到板画辅助学生理解和记忆的作用。

图 2-22 蜗牛

三、板画的训练

板画是个技术活,需要教师平时的积累。板画一般都是简笔画,教师在日常空余时间需要多多练习。

学习简笔画,可以先从画点开始练习,逐步到画线的练习,继而通过线与线的组合过渡到画形的培养。

1. 点的练习

点的种类有:圆点、椭圆点、长点等。

点的练习主要注意节奏和排布问题,重点练习排点时的疏密把控,做到根据需求和实际疏密有致(图2-23)。

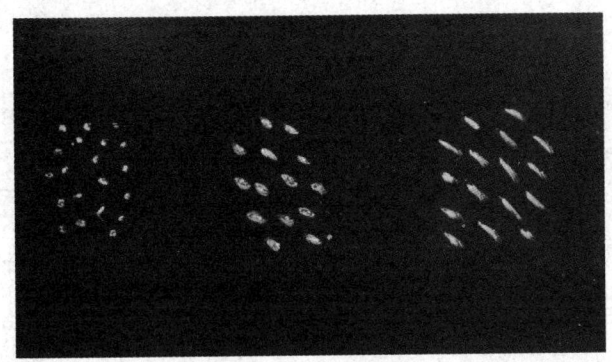

图2-23 点的练习

2. 线条的练习

线的种类有:横线、竖线、斜线、曲线、折线等。

线条的练习应该先以短的横竖线过渡到长的横竖线练习,再进入多种线的综合练习(图2-24)。

图2-24 线的练习

另外,临摹一些常见的科学板画,也是提高板画水平的有效途径。

四、板画技能的评价内容和标准

板画技能的评价内容及其标准见表2-4(供参考):

表2-4 板画技能的评价内容及其标准

评价内容	权重	评价标准			
		优	良	中	及格	差
简明扼要,一目了然	0.20					
准确地反映要表达的内容	0.50					
线条流畅、美观	0.30					
您还有什么意见和建议?		得分(百分制):_____				

说明:其中优为90—100分;良为80—89分;中为70—79分;及格为60—69分;差为60分以下。不打小数分。

课后练习

1. 简述板画的基本要求。
2. 在黑板上完成以下板画(仅供参考):

物质科学领域:烧杯、玻璃瓶、电池、电灯泡、简单电路图、条形磁铁、U型磁铁、酒精灯(三层火焰);光的传播路线图等。

生命科学领域:常见的昆虫(如蚂蚁)、鱼类(如鲫鱼、金鱼)和鸟类(鸽子)等;蚕的四态变化;常见的花(如桃花)、种子(如蚕豆)的结构;常见的植物植株(如凤仙花);常见的叶形;植物的一生等。

地球与宇宙科学领域:各种天气符号;太阳系、地球和太阳的运动关系;水循环;月相变化;北斗七星;地球内部结构等。

技术与工程领域:桥梁设计图、拱形受力原理、杠杆结构、斜面结构和自行车结构图;工程设计三视图等。

第五节　仪表仪态训练

一、仪表仪态

仪表是指人的穿着和装扮。仪态是指人的姿势、举止和动作。在社会活动中，一个人的仪表仪态可以展示自己的个性、修养、审美品位和生活情趣，也能表现其内在情感及对生活的态度。现代社会，人们比较热衷于"颜值"，很多学生都表示：教师的举止会直接影响自己学习的热情。而对于微型课比赛来说，学生和评委一般是临时性的、事先彼此没有见面或是很少见面，上课教师要在短时间内给学生和评委留下良好的第一印象，仪表仪态起着极为关键的作用。

二、教师仪表要求

仪表主要由教师天生的长相和后天的穿着打扮组成。先天的高矮、五官等是既定事实，不在我们训练的范围之内，但是体型和打扮可以训练。一般来说，如果教师立志要在课堂教学中有所作为，参加各种比赛是必不可少的锻炼。我们并不要求教师要有模特身材，但是过胖的体型毕竟在行动时显得臃肿，在视觉上显得笨拙，从而影响评委在仪表仪态一栏的打分。所以，建议教师平时注意饮食和锻炼，保持比较匀称的体型。

1. 化妆要求

俗话说："三分长相，七分打扮"。想要颜值高，化妆少不了。化妆可以对自己容貌上的某些缺陷加以弥补，扬长避短，使自我感觉与他人感觉更良好。教学活动是近距离的交往活动，互相看得真切，妆容不可重，一定要恰如其分，自然大方。

男性教师化妆的要求：(1) 修剪面部体毛，如胡须、眉毛、鼻毛、耳毛。(2) 保持眼部和牙齿的清洁。(3) 妆容求简，追求"素颜"。男性教师一般只需做好洁面与保湿，如有必要再稍稍打一层薄薄的粉底、描一下眉、润润唇或薄涂裸色系口红即可。

女性教师的妆容要注重清新、自然。建议：(1) 做好洁面保湿后，选取贴近自己肤色的底妆打底。(2) 及时修理眉毛，选取与发色相近的颜色描眉。(3) 眼影要与着装颜色相协调，一般大地色系最为保险可靠。(4) 眼线和睫毛不可太过夸张，追求自然放大双眼，避免粗长眼线和苍蝇腿。(5) 在苹果肌处轻扫些腮红,会显得面色红润有气色。(6)口红选橘红和豆沙色系,显得亲和、温柔又有气色。

2. 发型要求

头发处于人体的"制高点",其干净、整洁与否往往是他人一目了然的,而且也是他人的视线最先注意的地方。适合自己的发型可使人仪表端庄,显得彬彬有礼。修剪头发时,男性教师应当求短忌长;女性教师则不提倡剪怪异发型,忌"彩发"。头发的清洁、发型大方是最基本的要求。在参加活动之前最好对头发进行适当修剪和清洁。

男性教师首先要注意头发的清洁,常洗;其次要常理。头发的最佳长度是:前不遮眼,侧不过耳,后不及衣领。至于具体什么发型,可找个理发师,根据脸形、发质及个人爱好综合考虑。

女性教师在发型发式方面有很多选择。其基本要求是:工作场合不烫染夸张、发型另类。正式场合最规范的发型是盘发、短发、束发,齐肩发也可以。无论是哪种发型,刘海都不要遮挡眼睛,还要确保不会因为发型而在工作的时候经常用手整理头发。

3. 着装要求

教师服饰要得体,这是对课堂的尊重,也是对学生的尊重,更是对自己职业的尊重。服装得体的原则有:TOP 原则,分别代表时间(Time)、目的(Object)、场所(Place)。即根据时间、目的和场所的不同,恰当地选择合适的服装。

具体着装时,应做到:

(1)衣服要整洁、式样合适。任何情况下,教师的着装都应整洁,避免肮脏邋遢、又褶又皱。现实生活中,受时尚潮流的影响,很多年轻教师喜欢穿大、短、垮的上衣,配破洞牛仔裤。虽然这在日常生活中很好看,但是在微型课课堂中,这身打扮无疑会吸引学生的视线,使学生的注意力偏移,影响学生的正常学习。为了不偏移学生的课堂注意力,教师着装切忌"大、紧、露、透",例如大棉袄、大水袖、低胸、露背、露腹、紧身、吊带和透视上衣以及带有较大破洞装饰、超短或低腰的裙子和裤子等。

(2)服装搭配要协调大方。现代人崇尚自由和个性,因此对微型课教师的服装并不做硬性的要求,可以正式也可以休闲。但是无论是正式还是休闲,教师的服装式样宜清新和自然,不要随便乱搭乱配。服饰色彩宜柔和清新,不宜太鲜艳,太刺眼。配饰宜少而精,发饰、首饰和项链等一般总数不超过 3 件,尤其忌容易发出声音的饰品或者是标新立异、恐怖吓人的配饰等。总之,教师具体搭配时要根据时令和自身的肤色、体型和气质选择适当的衣着和色彩,尽量扬长避短,使自己看起来有朝气、有内涵。

4. 男性教师着装建议

男性教师无论是选择休闲风还是选择正式的西装,男性教师的着装相对都比较简单。正式的、职业化的着装主要是以西装、衬衫、皮鞋为主,领带和领结可要可不要。而休闲的着装主要是夏天的 T 恤和春秋冬的毛衣以及牛仔裤和休闲类鞋子。以下就一一介绍男性教师服装的选择与穿着。

(1) 西装的选择与穿着

正式的西装一般是由上下身同色的深色毛料精制而成,系领带或领结,穿黑色皮鞋。

选择西装以宽松适度、平整、挺括为标准。在色彩选择上,以单色为宜:黑色显得简洁干练,也比较平凡与保险;深蓝色显得高雅、理性、稳重;灰色比较中庸、平和,显得庄重、得体而气度不凡;咖啡色是一种自然而朴素的色彩,显得亲切而别具一格;深藏青色比较大方、稳重,也是较为常见的一种色调。在花纹的选择上,可选细条纹或方格,花纹的颜色越不明显越好。

在正式场合穿着西服时,全身颜色必须限制在三色以内。鞋子、腰带的色彩必须统一起来,最理想的选择是皆为黑色。搭配皮鞋首选黑色袜子,袜子的颜色最好是单色的,而且要比西裤的颜色深。切忌尼龙丝袜与白色袜子。

西装纽扣主要在于装饰。一般单排扣,一粒不扣是潇洒,只扣一粒为正式,两粒都扣显土气,只扣下粒显俗气。扣一粒时,双粒扣的扣上面一粒,三粒扣的扣中间一粒。双排扣基本可参考单排扣的标准,但注意双排扣可全部扣上显正式。

在西装上衣左边袖子的袖口处,通常会缝有一块商标。拆掉商标意味着西装启封,故穿西装前务必要拆掉商标。

(2) 衬衫的选择与穿着

常见的正装衬衫主要以高支精纺的纯棉制品为主。以棉、毛为主要成分的混纺衬衫也可以考虑。如果选择以条绒布、水洗布、化纤布制作的衬衫,这类衬衫容易起皱、起球、起静电,不适合与西装搭配,适合休闲路线。

配西装的衬衣颜色应与西装颜色相协调,最好不是同一色。一般而言,正装衬衫的颜色首选白色,白色衬衫可以配任何颜色的西装。深色的西装要配上浅色的衬衫,浅色的西装配上深色的衬衫;条格或有花色的衬衫要配以素色的西装,相反,条纹西装要配以素色的衬衫。较正式的场合,衬衫颜色不能过于鲜艳,图案也应以单色或暗条格为宜。

穿西装时,袖子的长度应抬手时长出西装袖口 1—2 cm 为宜,衬衫领应高出西装领 1 cm 左右,衬衫下摆必须扎进裤内。若不系领带,衬衫的领口应敞开一两粒扣子。

（3）领带领结的选择与佩戴

如果做非常正式的打扮的话，领带和领结是可以起到画龙点睛作用的。领带的颜色、图案应与西服相协调，领带颜色不要浅于衬衣。领带的颜色一般与衣服颜色搭配，成一致或形成鲜明对比。如黑西装、白衬衫，可选灰、蓝、绿色领带；深蓝色西装、白衬衫，可选蓝色、灰色、黄色领带等，黑色的领带一般都能够与任何款式的西服或衬衫搭配。领带的图案一般有斜纹、圆点和几何图案等，选择有图案的领带时，最好图案部分的颜色与西装和衬衫中的一种颜色同色。

领结的颜色、图案选择可以参考领带。但是因为领结相比领带，所占视觉空间要小，所以可选择的余地更广，只要整体协调便好。值得注意的是：领结分为手打领结与成品领结。手打领带高端大气；成品领结规整，稍显死板，但简单便捷，适合不会打领结的老师。

（4）皮鞋的选择

在较正式场所最好穿深棕色和黑色皮鞋，深棕色皮鞋一般配同色系西装，黑色皮鞋可以配任何颜色的西装。其他颜色的皮鞋一般在非正式的场合穿，且应与西服颜色搭配和谐。无论哪种场合，皮鞋都要清洁、光亮。

（5）毛衣的选择

一般来说男性毛衣，在款式上的选择不宜太过紧身或宽松；在颜色上的选择不宜太过鲜艳与粉嫩，除了黑、白、灰、棕这些中性色之外，还推荐藏蓝色和米黄色；在花纹的选择上不宜太过繁杂，以低调简约为佳。

（6）休闲类鞋的选择

休闲类鞋的选择也是以简约大方美观为主。颜色最好与整体着装相协调，不宜太过鲜艳。一般黑、白、灰最为百搭，深色系亦可。

5. 女性教师着装建议

由于微型课时间很短，现在的上课教室一般条件都比较好，有空调或者是比较小的微格教室，因此，女性教师的着装也无须很厚重。正装一般可以选择连衣裙、西服套装、衬衫和短裙等，休闲装可以选择毛衣、卫衣和牛仔裤等。

（1）连衣裙

女性教师可以选择一条合适的小黑裙，既优雅又得体。还有色彩淡雅、图案素净的连衣裙也是一种不错的选择。总的来说，连衣裙的裙身不宜长过脚踝，短于膝盖上方5cm，款式不宜复杂，花色不宜迷眼，色彩不宜太过耀眼或者暗淡。

（2）套装

套装可以分为裙款和西裤款的套装。选择套装要宽松适当，长短适中，套装造型与体型特征互补互衬。袖长以盖住手腕为宜；裙子的长度在膝盖以上

3—6 cm,会感觉干净、利落和优雅;夏天裤子可以是七分裤,但不宜过短,冬季裤子也不宜过长,九分裤也不错。鞋子配黑色、白色或裸色系带跟的船式或盖式皮鞋为佳。一般来说,遵循"上紧下松"或"上松下紧"的搭配原则即可。至于套装的色彩,可采用顺色法(配色时可以采用同一色系进行搭配,打造出层次感)、点缀法(采用统一法配色时,在某一局部小范围用其他不同色彩点缀美化)。当不知如何搭配着装色彩时,可遵循全身不超过三种颜色的原则,或直接采用白、灰、黑这几种比较中性而保险的颜色。不要轻易尝试马卡龙色,或大面积使用任何太过饱和的亮色,这类颜色不太好驾驭。

练习建议

由于女士的体型、肤色、喜好千差万别,搭配具有明显的个体差异。建议平时多关注化妆和搭配的微信公众号,提高衣着打扮、化妆等水平。

三、教师仪态训练

教师的仪态主要有站姿、走姿、手势、表情等,可以在短时间的训练中有所提升。

1. 站姿规范训练

站姿是教师在课堂中最重要的举止之一。课堂站姿可分为:(1) 正步站姿。两脚并拢,两膝并严,两手可自然下垂。通常在示礼前采用此种站姿,男女均适用。(2) 扇形站姿。两脚跟靠拢,脚尖自然分开成"V"字形,身体重心在两脚上,双臂自然下垂或交叉于前腹,男女均适用。(3) 分腿站姿。两脚左右分开,与肩同宽。双臂自然下垂或交叉于前腹,通常男子采用此种站姿,女子不宜采用。(4) 丁字步站姿。两脚尖略展开,一脚向前将脚跟靠于另一脚内侧中间位置。双臂自然下垂或交叉于前腹,身体的重心可在两脚上,也可在一只脚上,通过两脚的重心转移来减轻疲劳。通常女子采用此种站姿,男子不宜采用。在课堂上,教师不同的站立姿势,可以反映教师的精神面貌和职业素质。

上课时,无论采用哪种站姿,都要端正、稳重、亲切和自然。站姿的整体要求是:五点(后脑勺、双肩、臀部、小腿、后脚跟)一面。具体地说就是:(1) 头正颈直,下颌微收,双眼平视前方,面带微笑。(2) 双肩平齐,放松下沉,人体有向上的感觉。(3) 躯干挺直,重心在两腿中间,做到挺胸、收腹、立腰、腿直。(4) 双臂自然下垂于身体两侧,或放在身体前。

在教学的过程中,教师会转换不同的站姿,这会对学生的心理产生影响,因此要注意:(1)教师讲课的站位不要一直固定在一点上,应配合课堂移动位置,有必要时到学生座位行间进行巡视。但也不要频繁地左右来回移动,或者在学生座位行间踱来踱去,影响学生注意力。(2)切忌长时间侧身而站或背对学生。心理学研究表明,侧身或背对而站说明其心理是封闭的,既不利于阐述教学内容,也会给学生留下缺乏修养的印象。(3)切忌双手交叉抱在胸前或背在身后,这些动作会给学生一种傲慢的感觉。(4)擦黑板时,教师的站立要稳,不能全身猛烈抖动,左右摇晃。(5)学生说话时,教师身体可微微前倾,表明对学生说的话感兴趣,也表明教师的注意力都集中在学生身上,可增加亲切感。

上课前的一段时间,教师可以适当地进行一些站姿训练,方法如下:(1)顶书训练。把书本放在头顶中心,为使书不掉下来,头、躯体会自然保持平稳,否则书本将滑落下来。这种训练方法可以纠正低头、仰脸、歪头、晃头及左顾右盼的毛病。(2)靠墙训练。靠墙站立,要求后脚跟、小腿、臀、腰、双肩、后脑勺都贴墙。以上训练建议每天坚持,每次约20分钟。训练时可以配上轻松愉快的音乐,防止训练的单调性,减轻疲劳。

2. 走姿规范训练

行走是人的基本动作之一,最能体现出一个人的精神面貌。教师的走姿要优雅、稳重、从容、落落大方。教师行走的步伐要稳健、自信、刚劲、有力,体现一种胸有成竹、沉稳自信的风度和气质。

走姿的标准与要求:(1)起步时以站姿为基础,上身略为前倾,身体重心在前脚掌上,步态轻盈稳健。(2)头正颈直,双目平视,收颌,表情自然平和。上身挺直,收腹立腰。(3)两肩平稳,双臂以肩关节为轴自然摆动,前后摆幅在30°左右,两手自然弯曲,在摆动中以不超过身体中线为标准。(4)步幅适当,行走中以前脚的脚跟距后脚的脚尖相距一个脚的长度为宜。(5)步速平稳,行进的速度应当保持均匀、平稳,不要忽快忽慢。在正常情况下,步速应自然舒缓,显得成熟、自信。(6)女性教师行走时要走成一条直线,脚步要行如和风,自如、匀称、轻柔。(7)男性教师行走时则要走成两条直线,脚步要大方、稳重、有力。(8)行走时不要八字步,不要低头驼背,不要摇晃肩膀,不要双臂大甩手,不要扭腰摆臀,不要左顾右盼,脚不要拖擦地面。

平时可以进行走姿训练,方法如下:(1)在有大镜子的地方(比如舞蹈房),面对镜子在地上画横纵两条直线,看着镜中的自己沿直线走路训练。(2)将书本置于头顶行走,保持行走头正、颈直、目不斜视,纠正走路摇头晃脑、东张西望的毛病。

3. 教师手势训练

手势是人们交往时不可缺少的动作,是最有表现力的一种"体态语言"。据学者们研究,手势与表情结合,可传导信息的40%。恰当的手势往往是在内心情感的催动下,瞬间自然做出来的。教师讲课时,常常会自然而然地配以手势来表达某一情感、内容或吸引学生注意力,得体、自然、恰如其分的手势会强化教学效果。

根据手势的作用,教师手势可以分为:(1) 形象手势,用来模拟状物的手势。如:用手势模仿叶子落下。(2) 情意手势,用来传递情感的手势。如:竖起大拇指,表示夸奖。(3) 指示手势,指示具体对象的手势。如:伸出手臂,指示位置方向。

在使用手势语时,切忌:(1) 用手指指点他人,这是非常不礼貌的行为,含有教训人的意味。(2) 在用指示手势时,手心朝下。朝下的手势含有蔑视的意味,手心要朝上。(3) 手势频繁。太频繁地使用手势会给人心神不定的感觉。

教师在训练手势语时,要注意手势语的运用幅度、次数、力度等技巧。手势活动的范围,有上、中、下三个区域。肩部以上称为上区,多用来表示理想、希望、宏大、激昂等情感,表达积极肯定的意思;肩部至腰部称为中区,多用来表示比较平静的思想,一般不带有浓厚的感情色彩;腰部以下称为下区,多用来表示不屑、厌烦、反对、失望等情绪,表达消极否定的意思。

4. 教师表情训练

美国心理学家艾伯特·梅拉比安给人的感情表达效果总结了一个公式:

感情的表达=语言(7%)+声音(38%)+表情(55%)。

构成表情的主要因素是目光和微笑。

(1) 教师的目光。教师的目光要柔和、有神。在上课时,要关注到全体学生。比如上课伊始,教师要用目光(有神、带着些许严肃)环视整个教室,示意上课就要开始。在与学生互动时,教师要注视说话学生的眼睛或嘴巴的"三角区"。标准注视时间是交谈时间的30%—60%,称为"社交注视"。超过整个交谈时间的60%,属超时注视,使用这种眼神看人是失礼行为。低于整个交谈时间的30%,属低时注视,也是失礼的注视,表明教师对学生、对谈话都不感兴趣。同时,教师还要控制眼睛转动的幅度与快慢。眼睛转动稍快表示有活力,但如果太快则表示不真诚、给人不庄重的印象,当然,眼睛也不能转得太慢,会"缺乏生气"。如果学生在课堂上回答问题错误时,这时教师要面带笑容,目光温和,使学生有安全感和温暖感。教师在使用目光控制或引导教学时,切忌眯着眼睛看学生、对学生斜视、长时间地凝视学生或看一眼移开视线,接着又看一眼以及用责怪的目光、漠视的目光等,给学生造成不必要的误解或心理压力。

(2) 教师的微笑。微笑是教师在教育教学中重要的表情。笑容是种令人感觉愉快的面部表情,它可以缩短师生之间的心理距离。学生往往比我们想象的更会察言观色,并且常根据教师的表情来猜测教师对自己的感觉。给人真诚舒服的微笑应该是发自内心的,在外表表现为:不露牙齿,嘴角的两端略向上翘起,颧肌(俗称苹果肌)微提,眼睛带笑意。微笑的训练方法有:① 说字训练——面对镜子,默念"一""七"或"茄子"。② 诱导训练——面对镜子,调动感情,发挥想象力,回忆开心的事情,或展望美好的未来,使微笑源自内心,有感而发。

课后练习

1. 每天对着镜子练习面部表情 15 分钟,坚持一个星期。
2. 每天练习站姿、走路姿势各 15 分钟,坚持一个月。

第六节 实验操作技能

一、实验及其重要性

实验是指根据一定目的,运用必要的手段,在人为控制的条件下,观察研究事物的实践活动。小学科学实验一共有两种:一种是演示实验,是教师进行实验操作演示,学生观察、记录和交流实验的过程。另一种是小组实验,是学生在教师的引导下,按照实验计划,使用实验材料和设备进行实验操作的过程,在此过程中,学生通过对实验现象进行观察、交流讨论,从而获取知识。通过研读教材和课标可以发现实验教学在小学科学学习中十分重要,具体表现如下:

1. 实验是获取科学证据的有效手段

科学是一个建立在可检验的解释和对客观事物的形式、组织等进行预测的有序的知识的系统。实验是搜集科学事实的基本途径之一,是获取科学证据的有效手段,是形成、发展和检验自然科学理论的实践基础。因此,实验是自然科学研究中十分重要的方法。科学实验是依据研究目的,在人工控制或模拟自然过程的条件下认识自然。科学实验的本质在于揭示变量之间的因果关系。通过控制单一变量以获得准确可靠的实验结果,是科学实验的最大特色之一,也是实验过程中最难做好的事情。

小学科学课是以培养科学素养为宗旨的课程,它以实验和活动为基础,让学生通过提出问题、做出假设、制定计划、搜集证据、处理信息、得出结论、表达交流、反思评价达到教学效果。教学实践证明:对实验的现象描述和解释、实验结论的得出皆依赖于实验中所收集的证据和对证据的整理与分析,因此,实验中采集到的证据要力求真实、客观、准确、可信、有效。因此在小学科学教学中,实验不仅是科学研究的重要手段,也是获取科学证据的有效手段。实验有助于学生从实验事实出发,学习科学理论,提高思维能力和培养实验意识,对提高学生的动手能力和非智力因素有着不可替代的作用。

2. 实验在科学教材中的比例较大

如果将科学教材中包含实验操作的内容划分为实验课,以教科版科学教材为例,3—6年级科学教材共有236课时,其中实验课课时比例较大。见表2-5:

表2-5 教科版《科学》3—6年级实验课时统计表

年级	实验课课时	总课时	比例
三年级上册	11	28	39.3%
三年级下册	10	28	35.7%
四年级上册	10	28	35.7%
四年级下册	18	28	64.3%
五年级上册	25	28	78.1%
五年级下册	23	28	71.9%
六年级上册	18	28	56.3%
六年级下册	14	28	43.8%

二、小学科学实验操作规范

小学科学实验规范是指实验仪器的规范化操作。它要求教师和学生在实验过程中,按照一定的程序规范和动作规范使用实验仪器和设备。规范的实验操作不仅能够提高课堂效率,而且还能对学生科学态度的养成起重要作用,所以规范操作是教师和学生都应该重视的问题。

(一) 化学仪器使用规范

化学仪器主要是指在小学科学教学中用于计量或反应的仪器等。常用的化学计量仪器主要有:托盘天平、温度计、量筒、滴定管等;常用的化学反应仪器主要有:试管、烧杯、广口瓶、锥形瓶、圆底烧瓶、蒸发皿、漏斗、胶头滴管等;其他化学仪器主要有酒精灯、PH试纸等。

1. 托盘天平的使用规范

主要用途:用于粗略称量物质的质量,其精确度可达到0.1g。

原理:等臂杠杆。

结构:托盘、底座、横梁、平衡螺母、分度盘、指针、标尺、游码(见图2-25)。

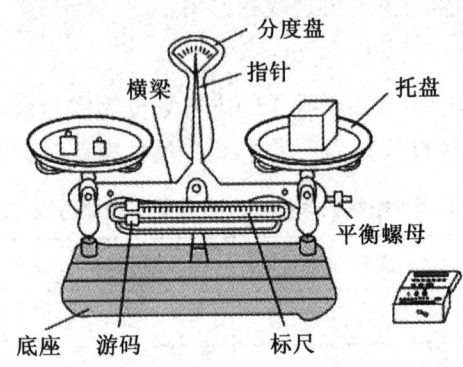

图2-25 托盘天平的结构

使用方法:

(1) 把托盘天平放在水平桌面上,用镊子将游码轻轻拨至标尺左侧零刻线处(见图2-26)。

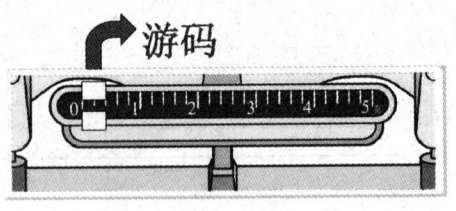

图2-26 游码

(2) 用手调节横梁左右平衡螺母,使天平平衡。

(3) 把待测物轻放在左盘中,估计待测物的质量,用镊子夹取适当的砝码轻放在右盘中。(采取先大后小的顺序)

(4) 天平不能平衡时,用镊子轻拨游码,使天平平衡后读数。右盘砝码总质量加上游码所对的刻度值就等于被测物体的质量(被测物体的质量=右盘砝码总质量+游码刻度值)。

注意事项:

(1) 被测物体的质量不能超过天平的最大称量,增减砝码时要轻拿轻放,取砝码时要用镊子,用完砝码后应放回盒内原位。

A. 天平放在水平桌面

B. 调天平平衡

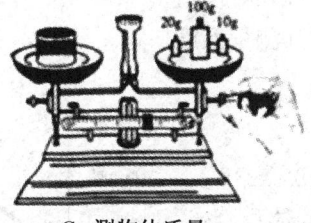
C. 测物体质量

D. 记下物体质量

图 2-27 托盘天平的使用

(2) 要保持天平干燥、清洁，禁止用手摸天平盘，禁止将潮湿的物品或化学药品直接放在天平盘里。

2. 温度计的使用规范

主要用途：用于测量液体的温度或气温。

原理：根据液体的热胀冷缩制成。

结构：外壳、刻度、玻璃泡、玻璃毛细管、有色液体等。

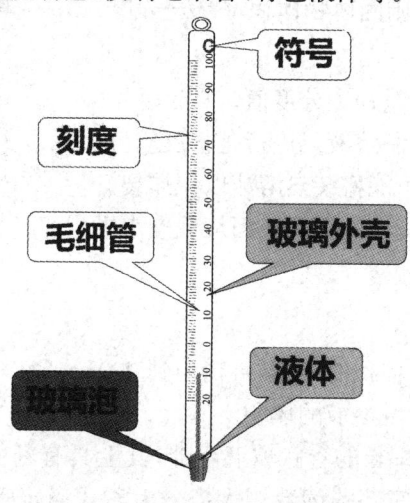

图 2-28 温度计的结构

使用方法:

(1) 温度计的玻璃泡全部浸入被测液体中,不要碰到容器底或容器壁。

(2) 温度计玻璃泡浸入被测液体后要稍停留一会,待温度计的示数稳定后再读数。

(3) 读数时温度计的玻璃泡要继续留在液体中,视线要与温度计中液柱的上表面相平行。

注意事项:

(1) 在使用温度计之前应观察温度计的量程和分度值。

(2) 根据被测物体的情况选择合适的温度计测量温度。

3. 量筒的使用规范

主要用途:

(1) 粗略量取液体的体积(其精度可达到 0.1 mL)。

(2) 通过量取液体的体积测量固体、气体的体积。

使用方法:

(1) 应把量筒放在平整的桌面上,观察刻度时,视线应与量筒内液体凹液面的最低处保持水平(见图2-29)。

(2) 形状不规则且不溶于水的固体,可以用量筒来测量。由于固体沉入液体中会排出与固体相同体积的液体,所以可根据固体放入量筒内前后液面刻度的变化求得固体的体积。方法是,先观察并记录未放入固体前量筒液面的刻度值,记为 a,再观察并记录放入固体后的量筒液面刻度值,记为 b,则固体物体积 $V=b-a$。

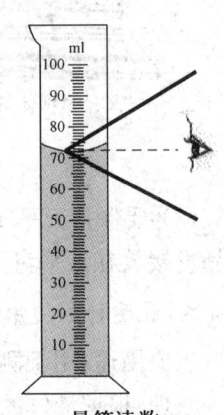

图2-29 量筒的正确判读

注意事项:

(1) 使用前要看清量程和分度值。

(2) 不能用量筒配制溶液或进行化学反应。

(3) 不能加热,也不能盛装热溶液以免炸裂。

(4) 读数时,视线应与液体凹液面最低点水平相切。

4. 滴定管的使用规范

主要用途:

(1) 准确量取一定体积的液体(可精确到 0.01 mL)。

(2) 中和滴定时计量溶液的体积。

结构:滴定管为一细长的管状玻璃容器,其上具有刻度指示量度,一般在上部的刻度读数较小,靠底部的读数较大。分为酸式滴定管和碱式滴定管(无活塞,有乳胶管和玻璃珠)。酸式滴定管用于量取对橡皮有侵蚀作用的液体;碱式滴定管用于量取对玻璃管有侵蚀作用的液态试剂。

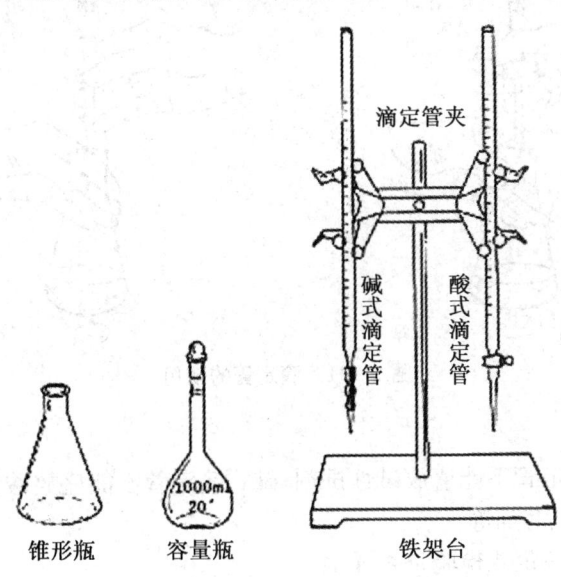

图 2-30　滴定管

使用方法:
(1) 试漏——装水至刻度观察滴定管是否漏液。
(2) 装液——将碱液缓慢导入滴定管中。
(3) 调零——调滴定管中的液面至 0 刻度。
(4) 滴定——右手摇晃装有液体和指示剂的锥形瓶,应将酸式滴定管固定在滴定管夹上,活塞柄向右,左手前三指平行地轻轻拿住活塞柄,无名指及小指向手心弯曲,食指及中指由下向上顶住活塞柄一端,拇指在上面配合动作。边摇边滴,两手同时操作,眼睛不能离开锥形瓶直至滴到终点位置。注意临近终点时,滴定速度要慢,最后要达到半滴操作。即临近终点时若滴加一滴会过量的话,可滴加半滴,也就是滴出半滴用锥形瓶口内壁将半滴贴下用洗瓶将半滴吹入锥形瓶中,然后摇晃至终点。

酸式滴定管使用方法　　　　　碱式滴定管使用方法

图 2-31　滴定管的使用

注意事项：

(1) 酸式滴定管不能盛放碱性试剂；碱式滴定管不能盛放酸性试剂、具有氧化性的试剂、有机溶剂等。

(2) 使用前一定要检验是否漏水。

(3) 滴定管不同于量筒，其读数自上而下，由小变大。

(4) 摇瓶时，应使溶液向同一方向做圆周运动，但勿使瓶口接触滴定管，溶液也不得溅出。

5. 试管的使用规范

主要用途：

(1) 常温或加热条件下，用作少量试剂的反应容器。

(2) 收集少量气体和气体的验纯。

(3) 盛放少量药品。

使用方法及注意事项：

(1) 使用试管时，应根据不同用量选用大小合适的试管。徒手使用试管的正确方法为"三指握两指拳"：即大拇指、食指、中指握住试管，无名指和小指握成拳，和拿毛笔写字有点相似。手指握在试管中上部。振荡时要手腕动，手臂不动。

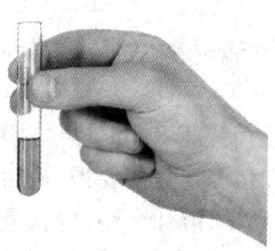

图 2-32　试管

(2) 不加热时，试管内盛放的液体不超过容积的 1/2；装液体加热，盛放的液体不应超过试管体积的 1/3。

(3) 装粉末等固体试剂时，要用纸槽或钥匙将粉末送入试管底部，盛装颗粒固体时，应将试管倾斜，将颗粒固体沿试管壁慢慢滑入管底，防止底部破损。

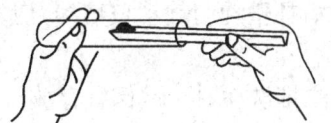
往试管中加粉末状药品

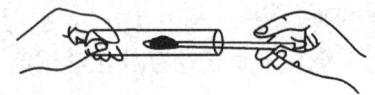

图 2-33 往试管加粉末状试剂

（4）加热时应将试管外部水分擦干。加热时必须用试管夹，不能徒手持试管加热。加热后须等试管自然冷却再清洗，避免试管骤冷炸裂。

（5）加热液体时先使试管均匀受热，然后在试管中下部加热，并不断移动试管。这时应将试管倾斜与桌面成 45°角，管口不要对着自己或别人。给固体加热时，试管要横放，管口略向下倾斜。

6. 烧杯的使用规范

主要用途：

（1）用作固体物质溶解、液体稀释的容器。

（2）用作较大量试剂发生反应的容器。

使用方法及注意事项：

（1）烧杯常用规格有 50 mL、100 mL、250 mL 等，但一般不用烧杯量取液体。

（2）烧杯装溶液不宜过多，溶解时溶液不超过烧杯容积的 1/3；在加热时，所盛溶液不能超过容积的 2/3。

（3）烧杯不能直接放在三脚架或铁架台上加热，必须垫上石棉网；拿加热时的烧杯，要用烧杯夹。

图 2-34 烧杯

(4) 用玻璃棒搅拌烧杯内所盛溶液时,应沿杯壁均匀旋动玻璃棒,切勿撞击杯壁与杯底。

(5) 烧杯不宜长期存放化学试剂,用后应立即洗净、擦干、倒置存放。

7. 广口瓶的使用规范

主要用途:广口瓶用于存放固体药品,也可用来装配气体发生器。有透明和棕色两种。(细口瓶用于存放液体药品)

图2-35　广口瓶

使用方法:
(1) 不能用于加热。
(2) 酸性药品、具有氧化性的药品、有机溶剂,要用玻璃塞;碱性试剂要用橡胶塞。
(3) 对见光易变质的要用棕色瓶。
(4) 取用试剂时,瓶塞要倒放在桌上,使用后将瓶塞塞紧,必要时密封。由于瓶口内侧磨砂,跟玻璃磨砂塞配套,所以玻璃塞的广口瓶不能放强碱性试剂。如果盛放碱性试剂,要改用橡皮塞,因为强碱的氢氧根离子与玻璃中的二氧化硅反应,生成物会使口与塞粘连。
(5) 摆放时标签向外。

8. 集气瓶的使用规范

一种广口玻璃容器,瓶口平面磨砂,能跟毛玻璃保持严密接触,不易漏气,用于收集气体、进行物质跟气体之间的反应。

主要用途:
(1) 与毛玻璃片配合,可用于收集和暂时存放气体。
(2) 用作物质与气体间反应的反应容器。

使用方法及注意事项：

（1）不能加热，加热容易炸裂。

（2）将瓶口与毛玻璃片涂抹一层薄凡士林，以利气密。

（3）进行燃烧实验或物质与气体是放热反应时，集气瓶内应放少量水或铺一层细砂，以防炸裂。部分物质燃烧只能用沙土，不能用水，如 Na，溅落的 Na 与水反应放出氢气，被点燃后易爆炸。

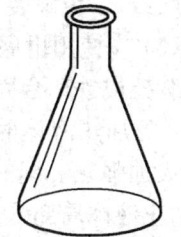

图 2-36　集气瓶

9. 锥形瓶的使用规范

主要用途：

（1）可用作中和滴定的反应器。

（2）代替试管、烧瓶等作气体发生的反应器。

（3）在蒸馏实验中，用作液体接收器，接收馏分。

使用方法及注意事项：

（1）注入的液体最好不超过其容积的 1/2，过多容易造成喷溅。

（2）滴定时，只振荡不搅拌。振荡时向同一方向旋转。

（3）锥形瓶的外部要擦干后再加热，加热时使用石棉网（电炉加热除外）。

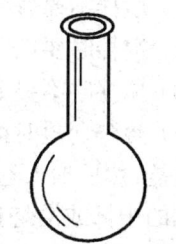

图 2-37　锥形瓶

（4）锥形瓶使用后需使用专用洗涤剂清洗干净，并进行烘干，保存在干燥容器中。

（5）一般情况下不可用来存储液体。

10. 圆底烧瓶的使用规范

主要用途：

（1）可用作试剂量较大而有液体参加的反应容器，常用于各种气体的发生装置中。

（2）圆底烧瓶还可用于喷泉实验。

使用方法及注意事项：

（1）圆底烧瓶底部厚薄较均匀，又无棱出现，可用于长时间强热使用。

（2）加热时烧瓶应放置在石棉网上，使其受热均匀；加热时，烧瓶外壁应无水滴。

图 2-38　圆底烧瓶

（3）实验完毕后，若有导管等，一律先撤去导管，防止倒流，再撤去热源，静止冷却后，再行废液处理，进行洗涤。

(4)烧瓶加热时液体不超过烧瓶体积的1/2,以免太多溶液在沸腾时容易溅出或者由于瓶内压力太大而爆炸。

11. 蒸发皿的使用规范

主要用途:
(1)溶液的蒸发、浓缩、结晶。
(2)干燥固体物质。

使用方法及注意事项:
(1)用蒸发皿盛装液体时,盛液量不能超过其容积的2/3。
(2)能耐高温,可直接加热,但受热后不能骤冷,以免破裂。
(3)应使用坩埚钳取放蒸发皿,加热时用三脚架或铁架台固定。
(4)加热液体时,应先用小火预热,再用大火加强热。同时要不断地用玻璃棒搅拌,防止液体局部受热四处飞溅。

图2-39 蒸发皿及其使用

(5)加热到大量固体析出后就熄灭酒精灯,用余热蒸干剩下的水分。
(6)加热完后,需要用坩埚钳移动蒸发皿。不能直接放到实验桌上,应放在石棉网上,以免烫坏实验桌。

12. 玻璃棒的使用规范

主要用途:常用于搅拌、引流,在溶解、稀释、过滤、蒸发、物质的量、浓度等溶液配制等实验中应用广泛。

使用方法及注意事项:
(1)搅拌不要碰撞容器壁、容器底,不要发出响声。
(2)搅拌时要以一个方向搅拌(顺时针、逆时针都可以)。
(3)搅拌时不要太用力,以免玻璃棒或容器(如烧杯等)破裂。
(4)溶解食盐时搅拌操作的正确方法:操作时将烧杯平放在桌面上,先加入固体食盐,然后加入适量水,拿住玻璃棒一端的1/3处,玻璃棒另一端伸至烧杯内液体的中部或沿烧杯内壁,交替按顺时针和逆时针方向做圆周运动,速度不可太快,用力不可大,玻璃棒不能碰撞烧杯内壁发出叮当之声。错误:①用玻璃棒搅拌过程中发出叮当之声;②玻璃棒在液体中上部搅拌。

13. 漏斗的使用规范

主要用途：

(1) 普通漏斗：① 向小口容器中注入液体。② 用于过滤装置中。③ 用于防倒吸装置中。

(2) 长颈漏斗：① 向反应器中注入液体。② 组装气体发生装置。

(3) 分液漏斗：① 分离互不相溶的液体。② 向反应器中滴加液体。③ 组装气体发生装置。

使用方法及注意事项：

(1) 漏斗不能用火直接加热。若需趁热过滤时，应将漏斗置于金属加热夹套中进行。若无金属夹套时，可事先把漏斗用热水浸泡预热方可使用。

(2) 长颈漏斗下端应插入液面以下。

(3) 分液漏斗使用前需检验是否漏水。

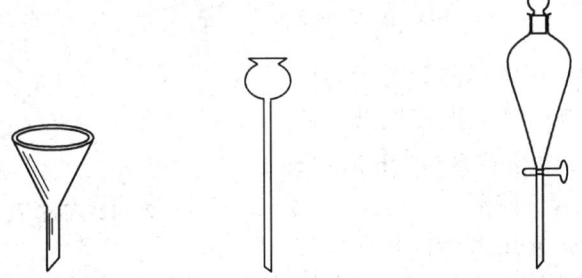

图 2-40 漏斗：普通漏斗(左)、长颈漏斗(中)、分液漏斗(右)

(4) 进行过滤实验时使用漏斗的正确方法：

① 将过滤纸对折，连续两次，叠成 90°圆心角形状。把叠好的滤纸，按一侧三层，另一侧一层打开，成漏斗状。把漏斗状滤纸装入漏斗内，滤纸边缘应低于漏斗边缘约 5 mm，事先用蒸馏水润湿，使浸湿的滤纸与漏斗内壁贴靠，使其不残留气泡。

② 过滤时，将装好滤纸的漏斗安放在过滤用的漏斗架上(如铁架台的圆环上)，在漏斗颈下放接纳过滤液的烧杯或试管，并使漏斗颈尖端靠于接纳容器的内壁，以防止液体飞溅。

图 2-41 漏斗的使用

③ 向漏斗里注入需要过滤的液体时，右手持盛液烧杯，左手持玻璃棒，玻璃棒下端靠紧三层滤纸处，烧杯杯口紧贴玻璃棒，待滤液

体沿杯口流出,再沿玻璃棒顺势流入漏斗内。注意:流到漏斗内液体的液面高度不能超过滤纸的高度。

④当液体经过滤纸,沿漏斗颈流下时,要检查一下液体是否沿杯壁顺流而下,注到杯底。如果没有,应该移动烧杯或旋转漏斗,使漏斗尖端与烧杯壁贴牢,就可以使液体顺杯壁流下了。

⑤当液体经过滤纸,沿漏斗颈流下时,要检查液体是否沿杯壁流下注入杯底。如果没有,应该移动烧杯或旋转漏斗,使漏斗尖端与烧杯壁贴牢,就可使液体顺杯壁往下流了。注意:漏斗内的沉淀物不得超过滤纸高度。倾入分离物时,要沿玻璃棒引流入漏斗,玻璃棒与滤纸三层处紧贴。分离物的液面要低于滤纸边缘。

14. 胶头滴管的使用规范

胶头滴管又称胶帽滴管,由胶头(帽)和玻璃管组成。

主要用途:用于吸取或滴加少量液体。

使用方法:

(1) 夹持时:用中指和无名指夹持在橡皮胶头和玻璃管的连接处以保持稳定,不能用拇指和食指(或中指)夹持,这样可防止胶头脱落。

图 2‐42　滴管及其放置

(2) 吸液时:先用大拇指和食指挤压橡皮胶头,赶走滴管中的空气。再将玻璃尖嘴伸入试剂液中,放开拇指和食指,液体试剂便被吸入,然后将滴管提起。禁止在试剂内挤压胶头,以免试剂被空气污染而含杂质或将试剂弄混。

(3) 吸完液体后,胶头必须向上,不能平放,更不能使玻璃尖嘴的开口向上,以免胶头被腐蚀;也不能把吸完液体后的滴管放在实验桌上,以免玷污滴管。

(4) 胶头滴管加液时,不能伸入容器,更不能接触容器(应垂直悬空于容器上方 0.5 cm 处)。用大拇指和食指挤压橡皮胶头让液体试剂滴入容器。

注意事项:

(1) 滴管要先排空再吸液。吸液后滴管不能平放或倒立,以防液体流入胶头。胶头与玻璃滴管要结合紧密不漏气,若胶头老化,要及时更换。

(2) 滴液时,滴管管口不能伸入受滴容器(以防止滴管沾上其他试剂)。用完之后应立即洗涤干净并插入干净的瓶中或试管内。未经洗涤的滴管严禁吸取别的试剂。

(3) 滴瓶上的滴管必须与滴瓶配套使用。即滴瓶上配有滴管,则这个滴管是该滴瓶专用,不能吸取其他液体。不可交叉使用,也不可用清水冲洗。

（4）胶头滴管向试管内滴加有毒或有腐蚀性的液体时,该滴管尖端允许接触试管内壁。

（5）滴瓶上盛碱性溶液时改用软木塞或橡胶塞。

15. 酒精灯的使用规范

主要用途:科学实验室中的常用热源。

结构:酒精灯由灯壶、灯帽、灯芯管和灯芯组成。

使用方法:

（1）检查灯体是否完好,酒精量应在灯壶容积的 1/4 到 2/3 之间。

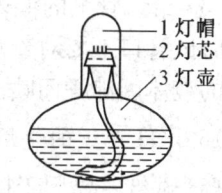

图 2-43 酒精灯的结构

（2）酒精灯要用火柴或木条点燃,绝对禁止用燃着的酒精灯去引燃另一只酒精灯,以防酒精洒出去而失火。

图 2-44 酒精灯的使用

（3）熄灭酒精灯,应该用灯帽盖灭,不能采取用嘴吹灭的方法。

（4）禁止向燃着的酒精灯里添加酒精,以免失火。

（5）不要碰倒酒精灯,如果酒精洒出在桌上燃烧起来,应立刻用湿抹布扑灭。

注意事项:

（1）酒精灯灯焰分外焰、内焰、焰心三部分,加热时应用外焰加热,因为外焰温度最高。

（2）酒精灯可以加热试管、烧瓶、烧杯、蒸发皿等,容器内必须事先有液体或者固体,液体体积最好不要超过试管体积的 1/3。有些仪器如集气瓶量筒、漏斗等不允许用酒精灯加热。烧杯加热应该垫石棉网。

（3）加热时,试管、蒸发皿等一定要干燥。如果被加热的玻璃容器外壁有水,应在加热前擦拭干净,以免容器炸裂。

（4）加热的玻璃容器,应冷却后再进行冲洗,防止玻璃容器破裂。

(5) 给试管里的固体加热,应进行预热,预热的方法是:在火焰上来回移动试管,待试管均匀受热后,再把灯焰固定在放固体的部位加热。加热时试管口要略向下倾斜。

(6) 给试管里的液体加热,也要进行预热。加热时,使试管倾斜45°左右,在加热时试管口不要对着自己或别人,要不时地移动试管,使之受热均匀,避免试管里的液体因沸腾而喷出伤人。

16. PH试纸的使用规范

PH试纸主要用于检验溶液或气体的酸碱度。PH＜7,溶液为酸性;PH＝7,溶液为中性;PH＞7,溶液为碱性。

其使用方法如下:

(1) 检验溶液的酸碱度时,取一小块试纸在表面皿或玻璃片上,用洁净干燥的玻璃棒蘸取待测液点滴于试纸的中部,观察变化稳定后的颜色,与标准比色卡对比,判断溶液的性质。

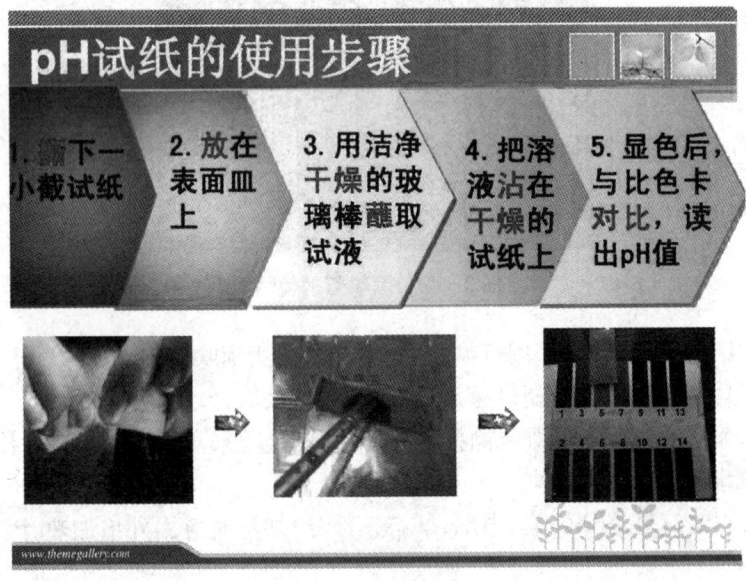

图2-45　PH试纸及其使用

(2) 检验气体的酸碱性时,先用蒸馏水把试纸润湿,粘在玻璃棒的一端,再送到盛有待测气体的容器口附近,观察颜色的变化,判断气体的性质。注意:试纸不能触及器壁。

二、物理仪器使用规范

物理仪器主要是指在小学科学教学中用于物理实验的仪器。常用的物理仪器主要有:刻度尺、弹簧测力计、钩码、天平、温度计、磁铁和磁针、万用表等。

1. 刻度尺的使用规范

刻度尺是测量物体长度的工具,刻度尺的分度值一般为1 mm。刻度尺测量长度是物理实验的基本技能,也是其他测量仪器正确读数的基础。

使用方法:

(1) 使用前:做到三看,即首先看刻度尺的零刻度是否磨损,如已磨损则应重选一个刻度值作为测量的起点;其次看刻度尺的测量范围(即量程);最后应看刻度尺的最小刻度值。

(2) 使用时:应注意正确放置和正确观察。正确放置的关键是做到:尺边对齐被测对象,必须放正重合,不能歪斜;尺的刻面必须紧贴被测对象,不能"悬空"。

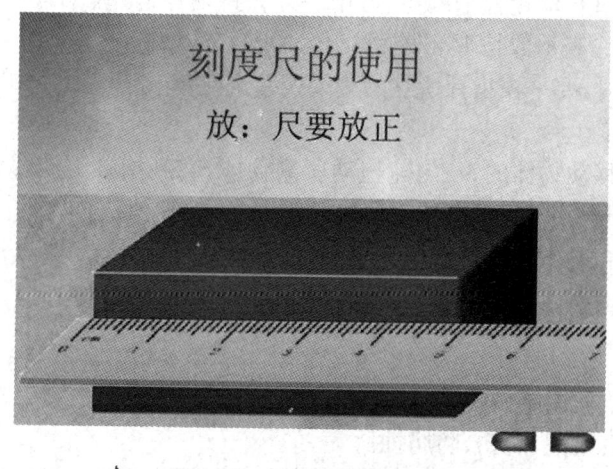

图 2-46　刻度尺及其判读

注意事项:视线在终端刻度线的正前方;视线与刻面垂直;看清大格及小格数。

2. 弹簧测力计的使用规范

主要结构:弹簧、挂钩、刻度盘、指针、外壳、吊环等。

使用方法:

(1) 了解弹簧测力计的量程,认清它的分度值,选择合适的弹簧测力计(物重不可以超过量程)。

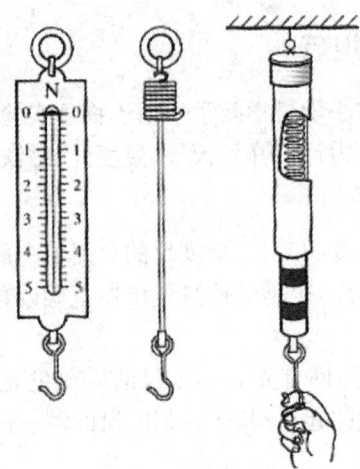

图 2-47 弹簧测力计

（2）观察测力计的指针是否与零刻度对齐，若没有对齐，进行调零。调零的一般方法是通过移动指针来调零；再用手轻轻抖动挂钩，确保与外壳无摩擦；并用标准砝码来检查示数是否准确。

（3）读数时，要平视指针所在的刻度线并进行读数。

注意事项：

（1）测量移动物体的力：匀速拖动所测物体，直到指针无明显波动时，在运动过程中进行读数。

（2）被测力的方向应与弹簧测力计轴线方向一致。

（3）测量时尽量避免弹簧、指针、拉杆与刻度板间的摩擦。

3. 钩码

主要用途：适用于做关于力的实验。

注意事项：防潮、防锈、防腐蚀。

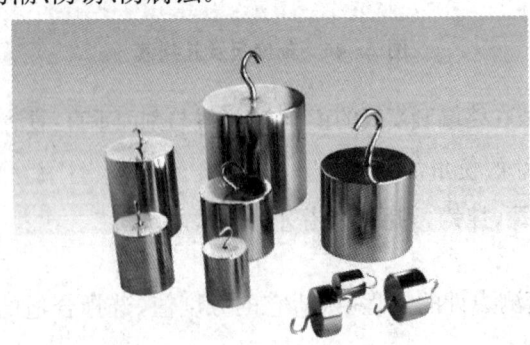

图 2-48 钩码及其使用

4. 磁铁

主要用途:有关磁铁的实验,如指南北、吸引轻小物体等。有条形磁铁、蹄形磁铁等类型。

注意事项:

(1) 用时轻拿轻放,不可相互撞击或撞击其他硬物。

(2) 贮存时应防高温,避免靠近强交变磁场。

5. 磁针

通常是狭长菱形。中间支起,可在水平方向自由转动,受地磁作用,静止时两个尖端分别指着南和北。指南针和罗盘是磁针的应用。

主要用途:有关磁铁的实验。

注意事项:

(1) 用时轻拿轻放,不可相互撞击或撞击其他硬物。

(2) 贮存时应防高温,避免靠近强交变磁场。

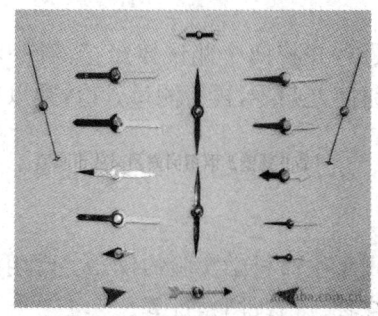
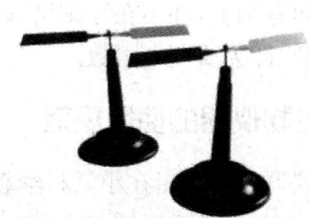

图 2-49 磁针

6. 万用表

主要用途:万用表是一种多功能、多量程的测量仪表,可测量直流电流、直流电压、交流电流、交流电压、电阻和音频电平等。万用表按显示方式分为指针万用表和数字万用表。

使用方法及注意事项:

(1) 用前注意指针是否在零位上,如不在零位可调节零位调节器,使指针归零,然后将测试棒的红棒插入"+"级孔,黑棒插入"一"级孔。

(2) 测量未知量电流或电压时,应选择最大量程,根据指示大约数值,再选择适当量程,以免损坏万用表。

(3) 测量直流电流时,将选择旋钮调到直流电流挡,将测试棒串接在电路

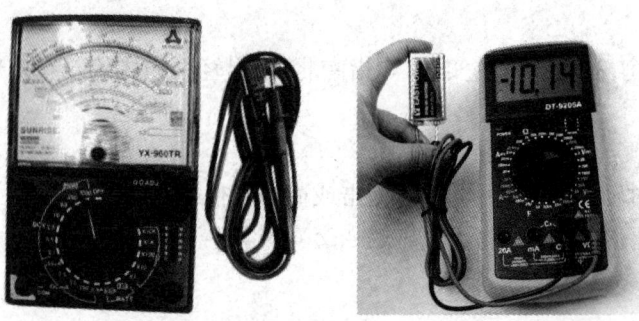

图 2-50　万用表：指针万用表(左)、数字万用表(右)

中,使电流从红标笔流入,黑标笔流出,不可接反。

（4）测直流电压时,将选择旋钮调到直流电压挡,将测试棒红笔接在电路的"＋"级,黑笔接在"－"级,不可接反。

（5）测交流电压时,将选择旋钮旋至交流电压挡,将测试棒分别接在电路的火线和地线,然后看表上的刻度读出数值。

（6）测量电阻时,将选择旋钮旋至电阻挡,并将两个测试棒短接,看一看指针是否指向零刻度,如不在零刻度,调节旋钮使之归零,再行测量,读数乘以所选挡位的倍数,即为所测电阻数。

三、生物仪器的使用规范

生物仪器主要是指在小学科学教学中用于生命科学实验的仪器。常用的生物仪器主要有：光学显微镜、放大镜、天平、烧杯、试管、酒精灯等。

1. 显微镜的使用规范

主要结构：目镜、粗准焦螺旋、细准焦螺旋、镜臂、转换器、物镜、载物台、压片夹、反光镜、镜座等。

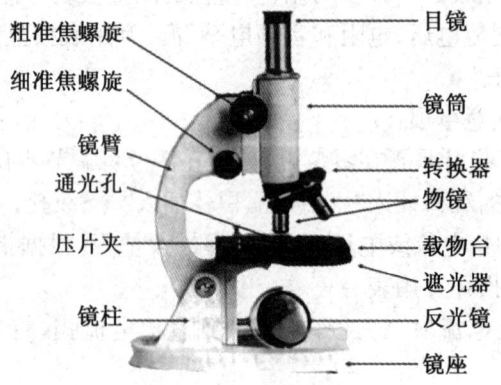

图 2-51　显微镜结构

使用方法：

（1）取镜和安装：右手握镜臂，左手托镜座，镜筒向前，镜臂向后轻放在实验桌上，距桌沿 7—10cm 的地方。先安好目镜，再装好物镜。

图 2-52　显微镜取镜和安装

（2）对光：转动转换器，将低倍物镜转到镜筒正下方。用左眼通过目镜向镜筒内观看，右眼睁开，同时用手转动反光镜，将光线透过通光孔照射在物镜上，直到从目镜看到白亮的圆形视野。

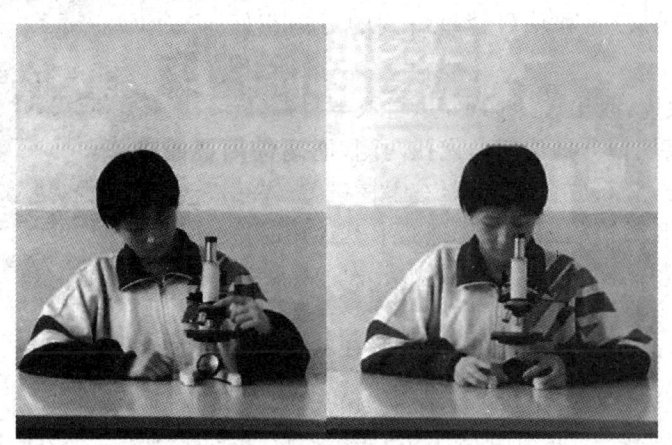

图 2-53　显微镜对光

（3）安装玻片标本：取一片需要观察的玻片标本，放在载物台上，使玻片的正面向上，并使标本正对通光孔的中心，然后用压片夹压住，双眼从侧面注视物镜，用手顺时针向下移动准焦距旋钮，直到物镜距玻片 2—3 mm 为止，防止物镜碰坏玻片。

图 2-54 显微镜安装玻片

（4）观察玻片标本：安好玻片标本后，左眼通过目镜向镜筒内观察玻片标本，右眼睁开，先调整粗准焦螺旋，将镜筒慢慢地抬升到标本出现在视野里为止，再调整细准焦螺旋直到物象最清晰为止。慢慢移动载玻片，观察标本的各个部分。注意：移动的方向和从目镜里看到的方向正好相反。

（5）收镜：取出玻片标本后，再取下目镜，转动转换器将物镜分别位于通光孔两侧，把镜筒下降到最低点，竖直放置反光镜，右手握镜臂，左手托镜座，把显微镜放回镜箱。把桌上其他用品按原样摆放整齐，实验桌要保持整洁干净。

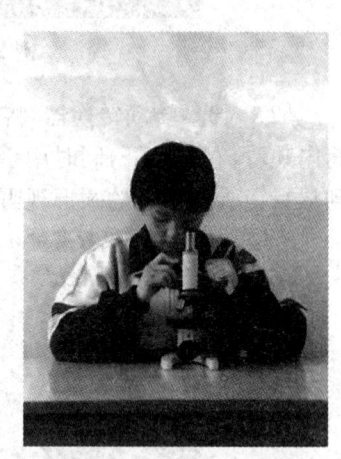

图 2-55 观察玻片

注意事项：

（1）显微镜要观察的材料必须是薄而透明的。

（2）镜头必须放在显微镜专用的镜头盒内。

（3）镜头脏了，必须用专门的擦镜纸擦拭，擦时要顺着一个方向擦。不能用纱布、手帕等物擦拭。

2. 放大镜的使用规范

主要用途：放大镜是帮助眼睛观察微小物体或细节的简单的光学仪器。主要用来放大视角。

使用方法：

（1）首先将需要观察的物体放置在一个固定的位置上，然后将其放置在放大镜之下。

（2）再将放大镜靠近物体的一侧，沿着眼睛与物体之间的直线方向缓缓地移动放大镜，直至看清楚物体的细微结构，这样就通过调节放大镜与物体的距离，改变放大倍数来看清物体了。

注意事项：

（1）镜面要保持干净，勿用手触摸。镜面弄脏时，请用擦镜纸擦拭。

（2）勿用来看太阳，以免伤害眼睛。

图2-56　放大镜

四、实验操作技能的评价

实验操作技能的评价内容及其标准见表2-6（供参考）：

表2-6　实验操作技能的评价内容及其标准

评价内容	权重	评价标准				
		优	良	中	及格	差
实验材料、实验仪器选取正确	0.10					
能正确、规范、安全地使用所选的仪器	0.10					
能按正确的实验步骤，进行操作验证。	0.40					
实验过程中，能正确读取数据并及时记录原始实验数据。	0.20					
实验态度认真、严谨，实验过程有条理，动作敏捷规范。	0.10					
实验结束后，能将所用仪器、物品及时归位。	0.10					
您还有什么意见和建议？			得分（百分制）：_____			

说明：其中优为90—100分；良为80—89分；中为70—79分；及格为60—69分；差为60分以下。不打小数分。

> 课后练习

1. 简述酒精灯的正确使用方法,并列举几种小学生在实验中常犯的错误。
2. 简述弹簧测力计的结构及正确使用方法。
3. 设计并完成一个科学小实验:一滴水中有什么?

第七节　多媒体课件制作技能

一、多媒体课件及其特征

(一)多媒体课件的基本概念

现代社会是信息化社会,计算机、手机、投影仪等现代化设备已经是教学常规设备,而以信息技术与通信技术为基础的网络技术已深度融入我们的生活、学习和工作中。从小学甚至幼儿园到大学每一个阶段的课堂教学中,多媒体运用已经普及,"多媒体课件"的制作已经是师范生必备的一项基本技能。

"多媒体课件"由"多媒体"和"课件"复合而成,多媒体(Multimedia)一般理解为在计算机系统中两种或两种以上媒体的组合。多种媒体包括文字、图片、照片、声音(包含音乐、语音旁白、特殊音效)、动画和影片,以及程式所提供的互动功能等。"课件"是根据教学大纲的要求和教学的需要,经过严格的教学设计整理的各种素材的集合体,它能代替传统的教材、教具等并以更丰富的媒体形式展现教学内容,也能够作为有效实现教师教学意图的教具以及优质学习资源互联互通的载体。"多媒体课件"就是在计算机系统中,将各种教学素材以具备交互功能的多种媒体组合的形式展现,以达到优化教学的目的。

(二)多媒体课件的特征

1. 丰富的表现力

相对于常规媒体,如黑板、实物等,多媒体技术可以在声音、图像、动画、视频等媒体素材的基础上编制,更生动直观,更新颖且形象化。可以更加自然、逼真地表现多姿多彩的视听世界,可以对宏观和微观事物进行模拟,可以对抽象、无形事物进行生动、直观的表现,可以对复杂的过程进行简化再现等。这样,信息的传递就容易引起学生多种感官系统同时反应,从而有利于集中学生注意力、提高学生认知的效率,更容易被学生接受和理解。

2. 良好的交互性

现代多媒体具有良好的交互性,可以通过技术手段的控制,调节时空因素,将所要传达的信息清晰地得到展示、反馈和处理,从而使师生双方能更有效地发挥主导作用和主体作用,成为教与学的主人。多媒体课件各个教学内容都可以通过设计相关的学习目标、过程、评价及资源等来链接,可以增强学生在学习中的参与性和主动性,有利于激发学生的学习兴趣,同时学生在自主选择、灵活运用的过程中,可以活跃思维,并进行探究性学习,从而能够做到"因材施教的个别化教学"。

3. 极大的共享性

网络技术的发展,多媒体信息的自由传输,使得教育资源和信息在全世界交换、共享成为可能。以网络为载体的多媒体课件,提供了教学资源的共享、扩大了教学的容量、加强了学习者之间的交流,从而拓宽了学生的视野,为知识的获得开辟了更为广阔的空间。

二、多媒体课件制作的原则

多媒体课件是教学的辅助工具,在制作过程中一般遵循以下原则:

1. 辅助性原则

多媒体课件是教学辅助工具,不能代替教师和教材。如不能将课本的内容直接转移到多媒体课件上,或者是将教师的讲解录音播放,这样多媒体课件就失去了其原本的辅助教学的意义。

2. 选择性原则

由于多媒体的容量极大,而一节课的时间有限,学生学习的内容有限,在制作课件时,切记不能将所要讲述的教学内容都放到课件中去,而要加以选择。一般微型课的课件,以3—8张幻灯片的容量为宜。

多媒体的选择首先要考虑教学目标和教学任务,如果多媒体不能很好地实现教学目标,不能有利于教学任务的完成,就不能选用。例如,"观察花的结构"等实物观察类课程,学生拿到实物观察可以从看、闻、听、摸等多感官去了解实物的全方位特点,而不管是哪种媒体都不能够同时达到这样的效果,因此,不赞成用投影仪、视频、图片等媒体代替实物观察。

其次要考虑教学重点和难点,重难点的内容要优先做成多媒体课件,而次要的内容可以舍弃。一般微型课上课不能有太多的幻灯片,一定要优先重难点内容,如"声音的传播",其重点在于有介质才能传播,难点在于探究如果没有介质(比如真空环境)声音能不能传播,所以课件就要围绕这两点展开。有个师范生在引入的时候采用视频播放自然界的各种声音,然后又用了多张幻灯片出示声音的产生(比如敲锣、打鼓、翻书等),之后出现一张幻灯片变换着出现听声音的图片(一个人说话另一个人听、一个人在水中摇铃另一个人在水中听、一个人敲桌子另一个人趴在桌子上听、月球上两个人打手势等),当图片放完后,在这张幻灯片的下面出现"声音可以在空气中、液体中、固体中传播"的字样。后来又出现一张幻灯片是打电话、一张幻灯片讲噪音。这个学生花费大量的幻灯片阐述声音的产生,只用一张幻灯片来展示声音可以在空气中、液体中和固体中进行传播,而对于探究"没有介质声音能否传播"这一重点内容,却没有一张幻灯片,故该生在课件制作选择上出了问题。

最后,要选择多媒体比常规媒体更具表现力的内容做多媒体课件。像"宏观、微观世界的内容和立体的内容",这些内容用语言不够形象,用模型不能展示动态变化,用绘图不能展现立体和多角度,而用多媒体技术就都能够解决。比如,"地球的运动""星空"等。

3. 直观性原则

多媒体最重要的特点是直观性强,因此在制作多媒体课件时要充分利用这一特点。考虑到学生智力水平、经验积累、认知特点、兴趣爱好和年龄特点等差异,小学低年级的多媒体课件,应尽量直观形象,多采用图形动画和音乐之类的媒体,文声并茂;而到了高年级,为适应学生的直观形象思维向抽象思维的过渡,在选择多媒体时形象化的手段可以适当减少。

4. 美观性原则

爱美是人之天性,美观的多媒体课件能够让人赏心悦目、心情愉悦且注意力集中。不美观的多媒体课件可能会让学生丧失对于课堂的兴趣。因此,多媒体课件要美观大方。美观主要表现在以下两个方面:色彩搭配美观和排版美观。色彩方面,一般建议采用比较柔和的色彩搭配,不要采用太刺眼和太夸张的颜色。另外,背景色和字体的颜色要有明显区别,不能够看不清字。排版方面,首先是格式规范,其次是多张幻灯片要一致。

5. 流畅性原则

多媒体课件的制作要充分利用链接等技术,以保障在使用过程中的流畅性。上课时,视频不能正常播放、回到编辑状态选择播放次序等都会影响上课的流畅性。而这些都是可以利用多媒体技术在制作时就能够解决的问题。

6. 简洁性原则

好的PPT能有效帮助人们理解要传达的信息,五花八门的元素会干扰信息的传达。所以PPT制作最重要的一步就是简洁,即减少不必要的信息,将元素进行统一处理。具体地说就是:(1)减少背景中冗杂的元素,采用统一的背景;

(2)减少字体的种类,统一标题和正文的字体;(3)减少色彩的种类,选择主色调,统一配色;(4)减少图片效果的应用,统一效果,统一风格;(5)减少形状效果的应用,统一效果;(6)减少动画效果的应用,尽量采用统一出场效果。

三、常用多媒体制作软件

对于师范生来说,需要利用多媒体表现的内容主要有:幻灯片的制作、动画效果的制作、视频的剪辑和微视频的录制等。以下为目前最为常用的制作软件:

1. PowerPoint

PPT是微软公司出品的制作幻灯片的软件,此软件制作的电子文稿广泛地应用于课堂教学,其优点是容易学会,能够满足一般的图片、视频、文字资料的展示要求,也能够实现简单的动画和交互。师范生一定要掌握本软件的使用。

2. FLASH

FLASH是Macromedia公司出品的动态的、可互动的shockwave。它的优点是体积小,可边下载边播放,可避免用户长时间的等待。FLASH可以生成动画,并可在网页中加入声音,即能够生成多媒体的图形和界面。当教学需要自己制作动画的时候,这一软件的效果要比PPT强大。建议师范生有所了解。

3. 微视频

微视频是一种内容时长相对短小的视频,是现在人们为了娱乐、宣传、讲解和说明等,通过手机、摄像头、摄像机等各种设备拍摄的短则几十秒,长不过20分钟左右,然后利用Premiere等视频编辑软件进行后期制作而形成的形态多样、内容广泛的视频作品。它具有短、快、精和随时随地随意性等特点。特别是当前智能手机的普及及众多短视频App的出现,比如抖音、快手、微视等,更使微视频成为当下的一种流行。

微视频在教学中可以作为微课的形态存在,利用微视频可以聚焦教学中的重点难点内容进行专题讲解,对于在课堂教学过程中突出难点、突破重点具有针对性的作用。在实际教学应用中,可以将微视频导入或插入PPT课件中的某一页幻灯片中。

四、PPT课件制作的常见问题

由于PPT软件简单易学,并且能够完全满足教学应用,所以师范生的多媒体课件几乎都是PPT课件,在制作PPT时,有很多常见问题:

1. 照抄照搬

很多教学内容,网上都可以找到与之对应的PPT课件。下载他人课件并在此基础上做一些适当的调整和修改是初学者或时间紧急时采用的比较简便的方法。但是,忌讳全盘抄袭他人的PPT而不做修改就用,或者仅做换汤不换药的小改动,这不仅是侵犯知识产权,更是对教师职业和学习对象的不尊重。

2. 排版混乱

出现排版混乱的常见原因有:

(1) 对课堂的教学逻辑没有整理清楚,出现每张幻灯片之间没有逻辑、标题与内容层次混乱、重点不突出等问题。逻辑是PPT课件不可或缺的灵魂,PPT课件的逻辑体现在两个方面,一个是整体的主线逻辑,一个是单页幻灯片的内部逻辑,两者共同反映课堂的教学逻辑。

主线逻辑一般以PPT课件的目录形式被列出来,并且在每一张幻灯片上面有所体现,它是整个PPT课件的框架,不同的PPT课件内容主线逻辑一般不相同,没有规定的统一模板,如下面图2-57左边和中间的图是《光是怎样传播的?》PPT教学课件的两张幻灯片,第一张图是课堂常见的一种主线逻辑在目录页中的体现,第二张图清晰地标出了此张幻灯片是新课讲解环节中的实验探究部分,是该逻辑在本张幻灯片中的体现。在实践应用中能够清晰地提醒学生课堂教学到哪一个环节的哪一个步骤了。而右边的图是《空气占据空间吗》的PPT教学课件,所示的幻灯片中仅有一句"空气占据空间吗"则很难看出课堂的主线逻辑,该幻灯片的呈现不知是课题的显示还是课堂提问的显示,不能够让学生准确了解课堂教学的进程和节点。

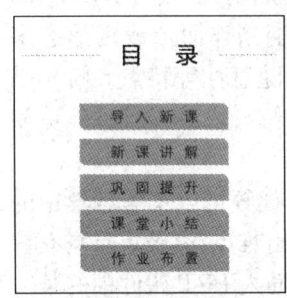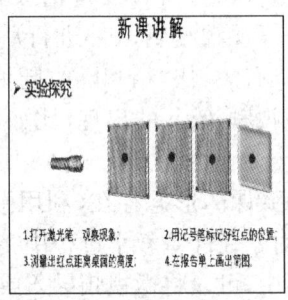

图2-57 主线逻辑关系图

每张幻灯片的单页逻辑是PPT课件的正文内容逻辑,PPT课件的单页逻辑一般有并列关系、对比关系(主次关系)、总分关系(包含关系)、等级关系、递进关系和循环关系等几种。图2-58的左图就是PPT课件单页逻辑中的并列关系(光源、遮挡物和屏三者之间)和包含关系(影子产生的条件包含光源、遮挡物和屏三个条件),而右图则是水的循环关系。

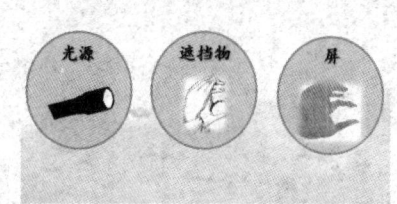
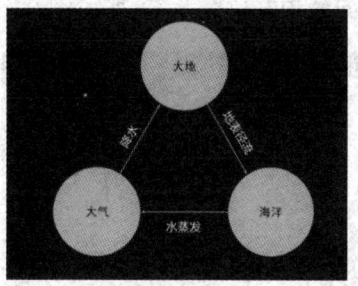

图 2-58　单页幻灯片内部逻辑关系

（2）对文件格式规范不清楚，如不知道什么时候首行缩进或者缩进字符不一致，不知道字体大小要有层次。建议采用调整字体、字号、对齐、对比、重复等方法加以调整，尽量体现行文规范、内容层次。

如图 2-59 为《浮沉与什么因素有关》PPT 课件"课堂小结"环节的幻灯片，左图存在标题与正文的字体、字号没有区别，正文首行没有按照行文规范缩进 2 个字符、上下两端文本左右两端未对整齐。因此，需要采用首行左缩进两个字符、标题字体采用黑体并增加字号、内容字体改为仿宋字体加粗、缩小字号，同时上下两端放在同一个文本框中或者把上下两个文本框采用对齐操作进行调整。

图 2-59　字体格式设置调整效果对比

（3）图片和字的位置、大小比例失调，图片模糊等。建议采取调整图片与文字大小、位置关系，尽量使之协调。

如图 2-60 为《材料在水中的沉浮》PPT 课件"猜一猜"环节的幻灯片，左图的图片大小与文字大小之间的比例对比，图片多少、大小与图片在幻灯片上面的位置排列、文字和图片之间的相互位置等关系都存在不协调的情况，将文字猜一猜改变字体为黑体、并增大字号作为内容小标题，增大两行文字之间的行间距，缩小图片的大小和边框的粗细，并将各个图片之间的相互位置关系进行调整，去掉左边图右上角与内容无关，与排版美化、协调无关的图片，最后调整文字与各图片之间的相互位置关系,形成图 2-60 右边编辑后的幻灯片效果。

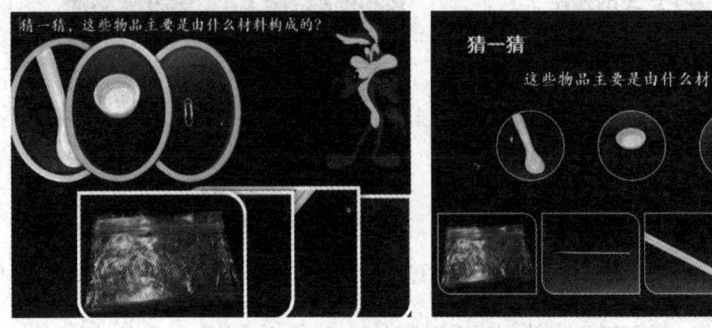

图 2-60　图文混排调整效果对比图

3. 字体混乱

PPT 一般默认采用宋体,但是从设计的角度看,宋体是一种最标准的衬线字体,简单地说就是笔画的粗细会有所不同。由于横竖之间粗细不同,在远处观看的时候横线就被弱化,导致识别率下降。中文建议采用微软雅黑、方正幼线、方正细圆、方正兰亭等字体;英文采用 MS YaHei、Nexa free、Cicle Gordita、Quicksand、Segoe UI 等字体,这些字体往往拥有相同的曲率,笔直的线条,给人一种休闲轻松的感觉。字体问题主要表现在:(1) 各种字号、字体、艺术字乱入。(2) 字体太大或太小。

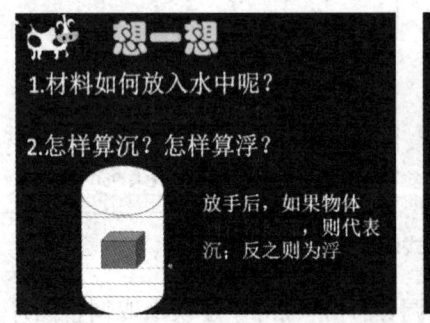
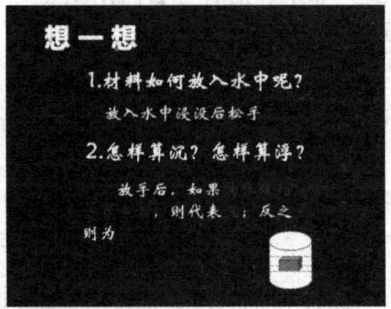

图 2-61　幻灯片字体设置调整效果对比

如图 2-61 左侧《材料在水中的沉浮》PPT 课件"想一想"环节的幻灯片所示,标题"想一想"、问题题干"1.材料如何放入水中呢?"等和答案"放入水中浸没后松手"等的字体、字号大小及文字和其他媒体对象的排版不协调,整个版面看起来杂乱、不清爽,使观者有头晕目眩的感觉。由于文字内容主要以中文字为主,因此,将标题"想一想"设置为微软雅黑,调整字号大小和颜色,并将文字放在合适位置,题干和答案文字字体设为华文新魏字体,调整字号大小和颜色,并将文字位置进行调整,最后把幻灯片中的图片做一定处理,形成图 2-61 右图编辑后的幻灯片效果。

4. 色彩搭配不当

色彩搭配不当主要表现为:

(1) 喧宾夺主。背景色太亮眼,或者是背景太醒目,抢了主体内容的注意力,使得主体内容看不清或者是容易被忽略。

(2) 太单一和太花哨。整个课件的风格或者某张幻灯片里面的文字、图片等对象要么一黑到底、一红到头,或者五颜六色、色彩斑斓,很容易造成阅读者审美疲劳,或者关注焦点变成欣赏配色,而不是内容本身了,这些都是在 PPT 课件设计时需要忌讳的。

(3) 配色不美观。配色方面,同一个 PPT 里颜色种类最好不要超过 3 种。选定一种主色,搭配 2—3 种辅色。颜色应选择饱和度较低的颜色,饱和度太高的颜色太过鲜艳刺眼,显得俗气,且投影效果不佳。

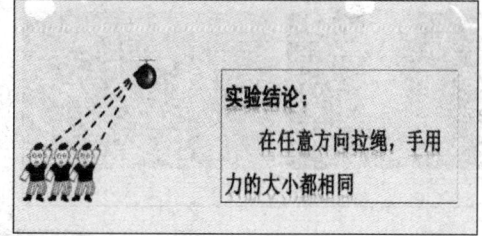

图 2-62 色彩搭配调整效果对比图

如图 2-62 左上图为《光和影》PPT 课件的首页幻灯片,这张幻灯片的作用是告诉学生本课学习的主题、内容对应教材的版本、教学设计及 PPT 课件制作者和完成时间,虽然幻灯背景图像可爱且符合小学生心理,但整个幻灯片背景内容繁杂,各种颜色数量众多,显得太花哨,影响了主题内容对学生的吸引力。图 2-62 右上图为《定滑轮的特点》PPT 课件的某张幻灯片,这张幻灯片是学生完成定滑轮特点探究实验以后得出定滑轮特点结论的内容,在该张幻灯片中又显得背景色彩和内容太过单一,不仅从幻灯片呈现的内容中无法确定学习的内容,而且对吸引学生观察聚焦兴趣的作用不大。通过对图2-62左上图幻灯片的内容方案做减法,减掉喧宾夺主的内容、减少繁杂的颜色数量,突出页面主要呈现的内容对象,编辑后的幻灯片效果如图2-62左下图所示。而通过对图2-62右上边的幻灯片色彩和内容做必要的加法,增加幻灯片的背景色彩和内容,使学生不仅很清楚地了解到学习的内容,并且使背景色彩适当丰富,能够保证幻灯片对学生的足够吸引力,编辑后的幻灯片效果如图2-62右下图所示。

5. 配图随意

配图常见的问题有图片与内容不相符;图片不清晰;大量配图,随意堆放。

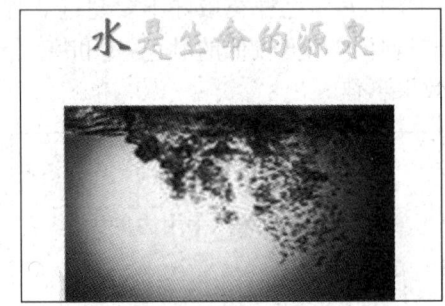
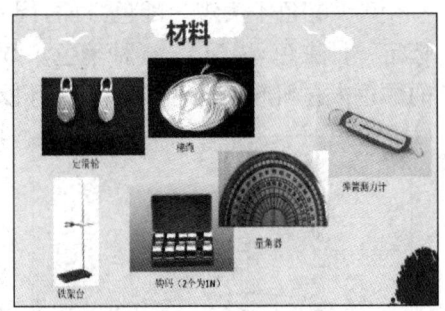

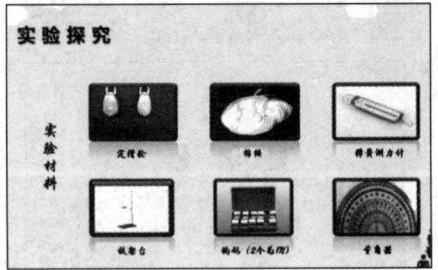

图2-63 配图调整效果对比图

如图2-63左上图为《水》PPT课件中的某张幻灯片,图片内容不仅与"水是生命的源泉"不相符且图片模糊不清,未能起到说明水是生命的源泉的作用。图2-63右上图为《定滑轮的特点》PPT课件的某张幻灯片,用来探究动滑轮特点实验的材料说明幻灯片,幻灯片中的实验材料图片数量众多,虽不存在超量配图的情况,但是所有图形摆放在幻灯片上时杂乱无章的做法,使整个幻灯片页面看起来非常凌乱不堪,影响观感。

对图2-63左上图幻灯片中的图片进行调换,选择那些能够说明水是生命源泉的图片,并且保证图片的清晰度,确保能够看清图片内容,调整后的幻灯片效果如图2-63左下图所示。而图2-63右上图幻灯片内的图片大小、外观和相对位置搭配混杂混乱,对图片进行大小、外观和相对位置进行调整,调整后的幻灯片效果如图2-63右下图所示,确保幻灯片中图片的引用符合内容、大小恰当、排列齐整、排版协调。

6. 动画效果复杂多变

课件中恰当地使用动画效果可有助于吸引学生注意力,产生比较好的课堂应用效果。但是酷炫、变化多端的动画效果或者是太多使用动画效果,会使得上课时要不断地按鼠标左键,稍有差错,就影响教学的流程。动画效果中"淡出、浮入、推进、平移"等干脆明了,推荐使用。

做PPT是门技术活,费时又费力。网络上有很多现成的资源可以借鉴,建议去一些素材图库,如千图网、包图网、配色网等网站借鉴高质量的图片、动画素材以及PPT模板资源,提高PPT制作水准,但切忌照搬使用,或者用于商业用途,这样不仅不一定切合教学内容,更容易造成知识产权问题。

五、PPT课件的调试和使用

制作PPT课件最终的目标是在课堂上使用,因此在完成之后、使用之前,要进行调试。调试时要特别注意:

(1) 在上课教室进行调试,检查是否出现不相容问题。如果不相容,要及时处理。

(2) 有视频插入和链接的PPT,检查视频是否能够顺利播放。如果不能播放视频,大部分情况是没有将PPT课件与视频文件同时打包。链接出现紊乱主要是在制作链接时,每张PPT幻灯片没有命好名。

(3) 检查字体大小和清晰度,以后排学生看清楚为标准。检查错别字、排版错位等问题。

(4) 配合教师讲解,检查PPT是否同步出现。

在使用PPT课件时,教师需要注意以下事项:

(1) 发挥教师主导作用。PPT课件不能代替老师,在使用时,教师要组织引导好学生对PPT中内容的视听活动。根据不同的内容做必要的讲解和引导提示,切记:PPT课件是为教师的讲授服务的,而不是教师为多媒体做解说的。

(2) 做到与常规媒体相结合。多媒体固然有很多优点,但也不能完全代替常规媒体,比如说实验,就不宜完全采用多媒体,能够在上课完成的实验建议采用教师演示或者是让学生动手操作,以培养学生动手能力。

六、多媒体课件评价

多媒体课件的评价标准主要从以下几个方面来探讨:

(1)科学性。课件是传递知识的载体,所以课件的内容必须正确严谨且逻辑清晰,没有科学知识性的错误。

(2)教学性。在课堂上运用多媒体课件的主要目的是辅助教学,所以多媒体课件一定要遵守教学原则,能够有利于教学的进行。

(3)可用性。课件是一个计算机应用产品,既要保证能够稳定运行,让使用者顺利使用,又要保证课件文字、图片、声音、动画、视频等对象清晰可见,以及界面设计良好,有助于提高阅读者观感,提升其可用性。

(4)易用性。课件是教学使用的一门工具,不管是辅助教学,还是深度融合教学,对使用者来说,易用是最基础、首要的体验,课件易用不仅能保障课堂教学过程流畅,更重要的是给学习者带来学习的愉悦,而不是学习的沉重。

(5)艺术性。多媒体课件的制作是一门技术,同时也要体现美感,课件具有艺术性将能更好地辅助教学。

多媒体课件制作技能的评价内容及其标准见表 2-7(供参考):

表 2-7 多媒体课件制作技能的评价内容及其标准

评价内容	权重	评价标准				
		优	良	中	及格	差
科学性:内容科学、表达准确、来源可靠	0.30					
教学性:目标明确、内容逻辑合理	0.35					
可用性:运行稳定、文字流畅、图片清晰、易操作	0.20					
艺术性:界面美观、和谐	0.15					
您还有什么意见和建议?				得分(百分制):		

说明:其中优为 90—100 分;良为 80—89 分;中为 70—79 分;及格为 60—69 分;差为 60 分以下。不打小数分。

课后练习

1. 制作一个精美实用课件的评价标准有哪些？

2. 班上学生两两成组选择同一个教学主题，制作相应的课件，然后分组内和班内范围相互评价优缺点及改进措施。

第3章 小学科学微型课教学设计技能训练

 本章概述

教学设计技能是以教学内容和学生的认知水平为基础来设计总体的教学进程、教学方法和教学组织形式的能力。简而言之,就是教师在上课前对教学过程中的各要素进行最佳优化组合的能力。其具体地说有:① 确定教学选题;② 确定教学目标;③ 确定教学具体内容(包括教学活动的选取、实验设计、实验单设计、实验仪器和设备的选取和准备等);④ 确定教学策略和方法;⑤ 多媒体选择和制作;⑥ 板书设计等。

第一节 教学设计

一、教学设计概述

教学设计有两种含义,一种是作为动词的教学设计,一种是作为名词的教学设计。作为动词的教学设计,是教师备课的过程。而作为名词的教学设计是通过教学设计的过程得出来的方案,也叫教案。本节的教学设计技能,是指动词的教学设计。

教学设计是教师上课前必须要完成的一项重要工作。它是指教师为了达成一定的教学目标,对教学活动进行的系统规划、安排与决策,是对教学活动各方面,如教学目标、教学内容、教学方法和策略、教学评价等的具体规划,并创设教与学的系统过程或程序。教学设计的基本过程包括"设想"和"计划"两个层面:"设想"是指教师对教学活动的期望,并满足学习者需要而实施的一种想象;"计划"是指教师对教学活动的整体规划与布局。

通过教学设计,教师可以对教学活动的基本过程有个整体把握,可以根据教学情境的需要和教育对象的特点确定合理的教学目标、选择适当的教学方法、采用有效的教学手段、创设良好的学习环境、实施可行的评价方案,从而保证教学活动的顺利进行。通过教学设计,教师还可以有效地掌握学生学习的初始状态和学习后的状态,从而及时调整教学策略或方法,为下一阶段的教学做准备。

凡事预则立,教学设计的主要目的是提前规划,有备无患。教师只有事先确定了教学目标、熟悉了教学内容、制定了可行的教学方案,才能够做到胸有成竹,使课堂教学工作有序化,提高教学的效率和效果。

二、教学设计的依据

教学设计要完成教师"为什么教""教什么""怎么教"和学生"为什么学""学什么"和"怎么学"等问题。因此,教学设计需要考虑多方面的因素。就其依据来说,主要有:

1. 教学的实际需要

从根本上讲,教学设计的意义在于满足教学活动的实际需要,为之提供最有效的行动方案。教学设计的最基本依据就是教学实际需要。离开了教学的现实需要,也就谈不上进行教学设计。在具体进行教学设计时,教学活动的实际需要集中体现在教学任务和目标中。教师进行教学设计时,应明确教学任务和教学目标,并对其进行认真的分析、分解,使之成为可操作的具体要求。

2. 现代教学理论

高水平的教学设计不能只停留在教师经验的层次,需要教学理论的指导,以克服主观随意和想当然,从而达到有理性支撑。目前教学设计主要有两种理论模式,一种是 20 世纪 60 年代后期发展起来的以"教"为中心的教学模式。它以美国教育家罗伯特·M.加涅的"联结—认知"学习理论为基础,认为学习的发生同时依赖于外部刺激(条件)和内部反应(学生的内在心理过程),为此,教学设计要求教师通过安排适当的外部条件来刺激和引导学生的内部心理过程,使之能够达到更为理想的学习效果。在该教学设计模式中,教师是处在主体地位的,教师安排的外部刺激是激发学生学习行为的关键。所以在进行教学设计时,主要是设计教师如何教,学生的"学"是围绕教师的"教"而展开的。另一种教学设计模式是以"学"为中心的教学模式。这种教学模式力图改变长期以来过于注重"教师的教"而忽略"学生的学"的弊端,认为学习的主体是学生自己,"教师的教"

最终是为"学生的学"服务的,因此,此模式明确指出要以学习者为中心展开教学设计,要分析学习者的特点,评定学习者的初始状态,预测学习者发展的可能空间。

学习拓展

加涅的教学设计模式

加涅在《教学设计原理》一书中提出"为学习设计教学"。他认为,学生学习有五种不同的结果,分别是言语信息、智力技能、认知策略、学习态度和动作技能。这五种学习结果不受学科限制,不同的学生在同一活动中能取得不同的学习结果,所以教学设计者应根据学习者的学习过程来设计相应的教学事件。他从信息加工理论出发,认为学习的过程类似于电子计算机的工作过程,即通过一系列的输入输出转换信息的程序,学习者与环境相互作用,共同完成教学任务。例如,在一个学习情境中,学习者通过眼、耳等感觉器官产生神经信息,经过神经系统转换、储存和提取,转换成控制肌肉活动的信息,最后通过言语或行动做出反应,表明学习者已经学会了某种学业行为。以下是加涅的学习过程模式,即"九大教学事件",分别为:

(1) 引起注意。此教学事件的目的是唤起学生的注意,确保学生对刺激的接受。基本方式有:改变刺激的强度、使用体态语言或使用与上课内容有关的媒体等。

(2) 告知学习目标。让学习者明白学习目标达成后他们将能知道(做)什么,从而激起学习者对新知识(技能)的期望。

(3) 回忆先决条件。在学习新内容之前,可指出学习新知识(技能)所需具备的先决条件,以刺激学习者回忆以前学过的有关知识(技能),并把它们提到工作记忆中,使新旧知识产生有机联系。

(4) 呈现刺激。当学习者做好学习准备时,教师可以向他们呈现教学材料。呈现的方式取决于教学的内容。如果是言语信息,材料可以是书面的或听力的;如果是智能技能,材料可以是代表概念或规则的实物或符号;对于认知策略,可用言语讲述或示范;对于动作技能,可演示其基本动作要求;至于态度,刺激可包括榜样及其传递的信息。无论针对哪种情况,最有效的都是具有突出特征的刺激。

(5) 提供学习指导。此教学事件是为了促进语义编码,以使所学的东西进入长时记忆。学习的结果不同,相应的学习指导也各不相同,如言语信息的学习指导需要有意义的背景;而规则的学习就应给如何组合从属规则的指导。总之在这一阶段,要给学生提供组织内容、联系其他知识或记忆技巧等方面的指导。

(6)引发行为表现。此教学事件的目的是促使学习者做出反应,以引起所期望的学习过程和学习结果。

(7)提供反馈。在学习者做出反应、表现出行为之后,应及时让学习者知道学习的结果,这就是反馈。通过反馈信息,学习者能知道自己的理解或行为是否正确,或正确的程度如何。在许多情况下,这种反馈是自我提供的。

(8)评价行为。学习者通过学习获得的一种新的能力行为还不足以使我们肯定他已经真正掌握了这种能力,因为一次的行为带有偶然性,信度不高,教师应要求学习者进一步表现学业行为。

(9)促进记忆与迁移。当学习者学习了一个规则,就应让它在不同的例子中运用规则,促进记忆与迁移。为增进记忆和提取所学内容而实施的教学活动是间隔复习。间隔复习的时间为学习之后的一天或更长时间。新手教师习惯于让学生在刚完成学习任务后做几个应用性的练习,实际上这样做效果不大,如果在间隔几天或几个星期之后进行复习,能更好地保持和回忆所学内容。

加涅特别指出,按以上顺序展开"九大教学事件"是可能性最大、最合乎逻辑的顺序,但这也并非机械刻板、一成不变的。更重要的是,他丝毫不意味着必须在每一堂课中提供全部教学设计,有时候某一教学事件对学习者来说是显而易见的,则不必再由老师"例行公事";有时候,那些自学能力强、学习经验丰富的学生可以自我提供一部分教学事件。

肯普的教学设计模式

肯普在与其他人合作的著作《设计有效的教学》中指出:经济的全球化、信息化要求学习者必须更有效率,这就要求教师对教学设计进行精心设计。肯普认为教学设计需要考虑四个要素:① 教学方案为谁开发?(学习者的特征)② 你希望学习者学到什么或表现什么?(具体目标)③ 如何最有效地学习科学内容和技能?(教学策略)④ 如何确定学习完成的程度?(评价程序)这四个要素相互联系,构成一个完整的教学设计规划,它们连成一体,就形成了完整的教学设计模式。

他也提出了"九大教学事件"。

(1)教学问题。教学设计始于确定教学问题和教学需要,一旦知道了问题及根源,就能确定通过什么样的教学措施来解决问题。

(2)学习者特征。不同的人有不同的学习方式,为掌握某种能力,每个人所需要习得的经验类型、学习的时间与练习的数量是不相同的,因此,教学设计过程一开始就要充分掌握学习的群体中个体的性格、能力、学习经验等。这些信息将影响设计的其他成分,如主题的选择、教学内容的选择与排序、内容处理的深度以及学习活动的多样性。

（3）任务分析。任务分析是教学设计中至关重要的一步。如果一位设计者无法明确在教学中应该包括什么样的教学内容，那就根本无法去设计教学策略，选择适当的媒体或进行评价。任务分析的途径有主题分析、程序分析等，主题分析用于确定教学所需的事实、概括、原理和规则；程序分析用于确定完成某一任务的具体步骤、线索和顺序。

（4）教学具体目标。教学具体目标为教学设计者和教师提供了一种设计合理教学的工具，也为评价学生的学习提供了一种框架，并对学生的学习起指导作用。因此教学设计需要确定和编写各领域的具体目标。

（5）内容排序。编写完教学具体目标，接下来的任务就是确定教学内容的最佳排序。因为完成教学任务后，头脑中就会呈现出一个大概的轮廓，将怎样来呈现教学内容，教师或教学设计人员、学科专家在任务分析中所确定的顺序，对学生掌握这一教学内容来说是最恰当的顺序，因此，可根据学生学习的先决条件、内容、时间或空间关系以及概念本身的逻辑联系对内容重新排序。

（6）教学策略。教学策略设计的宗旨是设计一种在任何时候都能够为学习者提供经济有效并产生可靠结果的教学策略。要想做到这一点，就要设计一系列为不同学习内容提供最优方法的处方，这些处方应建立在研究的基础上，并根据实际经验做出适当的调整。设计者可根据教育学与心理学的研究成果来开发可靠的教学应用处方。

（7）呈现教学信息。一旦设计好教学策略，接着就应考虑如何呈现教学信息。可以通过教学策略设计来集中学习者的注意力，通过词语和排版印刷标记突出教学结构，利用图片强化学习者的理解，这些都是为传递教学策略提供的有效途径。

（8）教学传递。一旦设计了教学策略，教学设计人员就必须做出如何向目标群体传递教学的决定。在教学中，最常见的传递方式就是讲授。

（9）评价工具。在考察了学习者的个性特征后，就可以确定教学的具体目标，选择为完成这些教学目标而采取的教学策略，最后还必须找到合适的测试方法和测试内容，用以测量学习者达到教学目标所要求掌握的知识、技能和态度的程度。

肯普认为：虽然"九大教学事件"构成了一个逻辑有序的排列，但在操作每个事件时，并不是必须按此顺序。也就是说操作没有特定的起点，每个人都可以按自己的意愿实施这一教学设计过程，不管从哪里切入，都可以根据其认为合乎逻辑的或合适的顺序来进行设计。"九大事件"之间存在灵活的相互依赖性，对任何一个事件做出的决定都可能会影响其他事件。例如,尽管教学目标已被陈述,但可能会因为学科内容具体项目的增加而需要重新排列,或者,当教学传递方式已被选定之后,教学目标的意图会比最初陈述时更为清晰,这就需要对教学目标进行修改。

3. 系统科学的原理和方法

教学系统是一个由多种要素构成的复杂系统,各要素之间有着密切的联系和多种作用方式。运用系统方法分析课堂教学系统中诸要素及其地位与作用,使各要素得到最紧密的、最佳的融合,从而优化课堂教学效果,是教学设计的一个基本特征,也是教学设计成功与否的关键。在实际的教学设计中,教师应该自觉遵循系统论基本原理,以系统的方法指导设计工作,在此基础上不断提高教学设计的水平。

4. 学生的学识水平

学生是学习的主体,教师的"教"是为了学生的"学"服务的。学生的认知水平和能力水平是教学设计的基石。教师在进行教学设计时,要依据学生的身心发展特点和规律,全面考虑学生的学习需求、学习基础和前概念,只有这样才能使教学设计切实落到实处,促进学生的自主学习。

5. 教学场地等实际条件

我国地域辽阔,教育水平和条件千差万别,且城乡差别明显,这导致不同地区的学校提供的教学场地、教学设备条件等各不相同。尤其是科学课,对于实验器材的要求比较复杂,不同地区、不同学校甚至是不同类型的课所提供的客观条件是不一样的,所以在现实教学中,教师要先考虑以上实际条件,对教学设计进行适当的调整。例如,教师资格证面试,就几乎没有教学设备(如多媒体)和实验材料,应试者就只能依靠自己的基本功进行讲述式教学,而不能做"这里假设学生做实验花去 5 分钟,所以我就只要讲 5 分钟"的教学设计。

6. 教师的教学经验和风格

一定意义上说,教学设计的过程是教师个体创造性劳动的过程。成功的教学设计往往凝聚着教师个人的教学经验、智慧和风格。教师的教学经验、智慧和风格是形成个性化教学即教学艺术性的主要基础。在教学内容、教学对象和教学条件相同的情况下,教师个人的教学经验和风格不同,对教学活动的设计也就可能因人而异,从而使共性的教学设计有了个性的差别。

三、教学设计的原则

在进行教学设计时,需要考虑以下原则:

(1) 系统性。教学设计是全方位的活动。要考虑教学各个部分以及与其他部分之间的有机联系。教学各个部分要缺一不可、相互关联、相辅相成、和谐统一,成为一个完整的系统。

(2) 具体性。教学设计要为实际课堂教学建立起依凭。教学设计具有一定的框架和模式,但这并不意味着只要搭建模式就够了,而是应该踏踏实实地考虑设计的各个环节并完成具体的内容,尽量使材料丰富,以供实际教学选择之需。

四、教学设计的要素

前面我们介绍了构建在不同理论基础上的教学设计模式。这些模式具有不同的特点和功能,但总的来说可以归结为四个要素:

1. 教学对象

以谁为中心进行教学系统的设计,这是教学设计的根本问题,也是在教学设计之前必须认真考虑和回答的问题。根据后现代的教学理论,学生是学习的主体,教师是学生学习的主导者、促进者和倾听者,教学设计要以学习者为中心展开,要分析学习者的特点,评定学习者的初始状态,预测学习者发展的可能空间。

2. 教学目标

经过精心设计的教学活动,是要学习者学习和掌握哪些知识和技能、获得怎样的智力发展、培养什么样的能力、达到什么学识水平、培养什么样的态度,这些有关学习者发展的问题,在教学设计时都必须用可观察、可测定性的术语精确地加以描述,即在分析学习需要、学习内容和学习的基础上,确定教学目标,编写行为目标,这是教学设计的一项基本要求。一旦教学目标确定,其他方面的设计便一定要围绕教学目标展开。

3. 教学策略

教学目标确定之后,就要选择教学策略,以实现我们的预期目标。教学策略的设计包括许多方面,主要有:采用何种经济而有效的教与学的形式、安排什么样的教师教的活动和学生学的活动、设计什么样的教的方法和学的方法、选择什么样的教学媒体以及怎样进行设计、怎样利用现有的教学资源和挖掘潜在的教学资源、安排什么样的课型、设计怎样的教学环节和步骤等。此外还有一些更具体的问题需要加以分析和考虑。在整个教学设计过程中,教学策略的设计具体而详细,发挥着十分重要的作用。

4. 教学评价

经过以上步骤就可以完成一个教学设计的产品,此产品是否符合教学目标的要求,是否符合学习者的实际,是否保证取得优异的教学效果,是否高耗低能,对所采取的教学形式、教学方法,安排的教学活动、步骤是否具体可行等一系列问题,都需要对教学设计的成果进行评价,并根据评价结果进行修正。

就教学设计工作的特点而言,他应从教学系统的整体功能出发,综合考虑各要素及其相互之间的关系,诸如教师、学生、教材、媒体、环境、评价等各个方面在教学过程中的地位及作用,并且从整体上设计各个要素,使之相辅相成,构成一个系统的有机体。教学设计过程不仅十分复杂,而且十分具体,在实际的设计过程中,不能忽略任何一个细节,必须考虑采用何种教学形式、何种教法和学法、如何安排教学顺序和结构、如何分配时间、如何设计教和学的活动等工作,然后按步骤有计划地进行。总之,教学设计是提高教学质量的重要手段。

五、教学设计的流程及相关技能

教学设计具有一定的流程,如下:

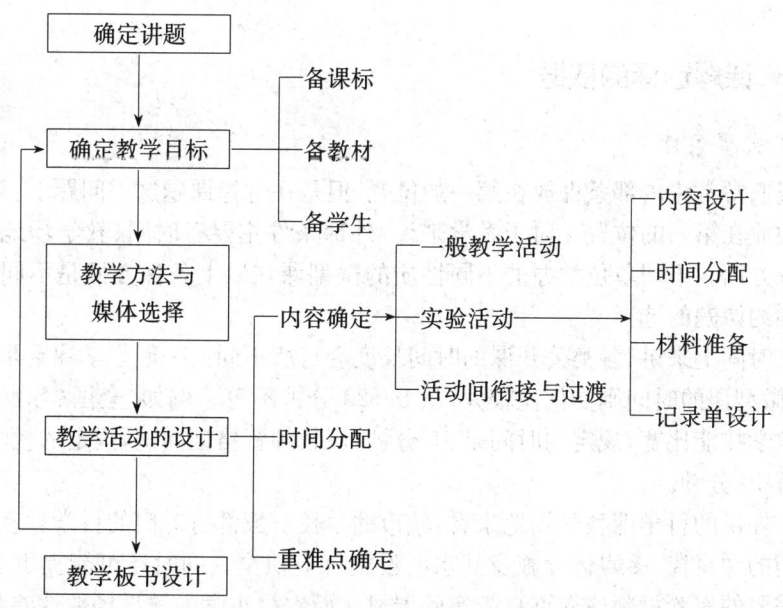

图 3-1　教学设计流程图

根据教学设计的流程,对应的相关技能有:① 确定选题;② 确定教学目标;③ 确定教学具体内容(包括教学活动的选取、实验设计、实验单设计、实验仪器和设备的选取和准备等);④ 确定教学策略和方法;⑤ 多媒体选择和制作;⑥ 板书设计等。其中"多媒体选择和制作"和"板书设计"属于教师基本教学技能,在前面一章已经阐述。其他技能将在下面的节中一一阐述。

课后练习

1. 简述教学设计的依据。
2. 教学设计有哪些主要内容?

第二节 教学课题的选择

科学微型课教学分两种类型,一种是命题讲课,另一种是自选课题讲课。自选课题相对于命题来说,多一项确定课题的环节。从某种程度上来说,自选课题看上去比命题讲课自由度大,但是需要上课的教师具有良好的选择课题的能力,才能真正发挥这一优势。课题选择得是否得当,对后续的教学设计和教学实施影响巨大。

一、课题选择的依据

1. 外界条件

我们常常将内部条件放在第一的位置,但是在选择课题这一问题上,外部条件必须放在第一的位置。对于教学来说,外部条件主要有时间、教学场地、教学设备等方面。不同单位举办的不同性质的微型课在以上条件方面是不同的,这必然制约课题的选择。

从时间上来讲,各类公开课的时间长度会有所不同。一般小学课堂是 40 分钟,而微型课的时间则变化比较大,从 8—20 分钟不等。例如,全国(各省)的师范生教学技能比赛,规定的时间是 15 分钟,而教师资格证面试,规定的教学时间就只有 10 分钟。

从提供的科学课教学场地来看,城市的学校一般都有专门的科学教室,教室内专门的课桌椅,多媒体设施及其水电设施一应俱全。同时还可能提供上课教师所需要的实验材料或允许自带实验器材。而农村小学的教学场地就差距比较大,有的学校可能什么都不能够提供。

有些微型课比赛或展示是不提供多媒体设施和实验器材的,甚至还不允许自带实验材料。针对这种情况,那些一定需要实验才能进行的课题就不宜选择。例如,"湖南省师范生教学技能比赛"近些年都在衡阳师范学院举行,根据事前规定,湖南省教育厅2015年到2017年的大赛只提供不能上网的电脑,不提供任何实验器材,且教学内容规定为教科版五年级上下册。根据以上外部条件,能够被选中的课题就十分有限,几乎只有7个:五年级上册中"地球表面及其变化"单元的"地球表面的地形""地球内部运动引起的地形变化";"生态系统"单元的"食物链和食物网""维持生态平衡";五年级下册中"时间的测量"单元的"时间在流逝";五年级下册中"地球的运动"单元的"昼夜现象""人类认识地球及其运动的历史"等三个主题。2015到2017年的课题分别是"各种各样的地形""地球运动""食物链和食物网"。

另外,有的微型课是安排学生的,有的微型课是不安排学生的。安排学生也有两种情况,安排大学生当作小学生,比如"全国科学教育专业师范生教学技能创新展示活动"2015、2016年分别在成都西南师范大学和武汉城市职业学院举行,他们都安排8位(2组)大学生充当小学生上课。而2014年在湖南第一师范学院举行的同样赛事,则安排8位(2组)小学生上课。如果安排的是大学生,课题的难度或许不是大问题,但是不宜太容易,否则学生会觉得索然无味,缺乏挑战,因而不配合教学。而如果是小学生,则建议选择难度适度、能够有更多互动可能的课题,这样学生才会觉得有趣,积极学习。例如,如果是3—5年级的小学生,就不建议选择难度太大的"地球自转的证明""月相变化"等空间性很强的课题,而是建议选择物质科学领域比较适合于探究的课题,如"沉浮""磁铁""声音""光与影"等单元的课题。

2. 个人条件

每位教师有自己的特长,比如有的教师善于讲述、有的教师动手能力强、有的教师善于引导。每位教师还有各自的喜好,比如有的教师喜欢物质科学领域的教学,有的教师喜欢带领学生观察,有的教师对STEM教学有偏爱。每位教师还有自己的气质和风格,有的和蔼可亲,有的大气稳重。所以,在选择课题时,除去要进行自我挑战的因素,建议教师根据自己的实际情况选择适合自己的课题。比如,对于教科版五年级"生态系统"单元中不需要实验的课题,建议善于绘画的教师选择"食物链和食物网",而不善于绘画的教师选择"维持生态平衡"。

3. 教学内容

教学内容是教学的重中之重,课题的选择一定要充分考虑教学内容涉及的领域、难易程度和适合的教学方法等因素。科学课的教学内容涉猎范围广泛,对教学的要求也各有侧重,有的内容需要观察、实验或者是制作才能进行,有的内容可以设计探究,有的内容适合于讲述,为此,可以把科学课分为观察课、实验课、制作课、讲述课等。每一类课型具有各自的特征,教师要根据自己的能力水平和教学风格进行比较判断,最终选择适合自己的课题。以下是比较典型的课型:

表3-1 科学课型特点及其典型课题表

课型	内容特征	典型课题	备注
观察课	需要用看、听、摸、闻以及借助显微镜、望远镜等观察仪器才能完成的教学内容	"我看到了什么""大树和小草"(三上);《油菜花开了》《花、果实和种子》(四下)《观察星空》(六下)等	一般在生命科学和地球与空间科学领域
实验课	需要实验才能够完成的教学内容	《溶解》《沉浮》《磁铁》《电》《声音》《地球运动》《谁先迎来黎明》等	一般在物质科学和地球与空间科学领域
制作课	需要制作才能完成的教学内容	《制作一个一分钟计时器》《用纸造一座"桥"》《雨量器的制作》	物质科学和地球与空间科学领域偏多
讲述课	纯知识内容,无须实验和制作,观察也不能达到目的教学内容	维持生态平衡	

原则上讲,不管什么内容,只要设计得好,教师教学水平高,都能够上好微型课。对于缺乏教学经验的师范生或教学经验不足的新手教师,可以选择一些经典的课题。以下是对2018年3月在福建漳州师范学院举行的全国科学教育专业师范生教学技能创新展示活动课题的统计,可供借鉴。

表3-2 2017年全国科学教育专业师范生教学技能创新展示
活动小学组课题统计表(教科版)

领域	单元	课题	次数	合计
物质科学之物理学部分	声音	听听声音	1	6
		声音的变化	2	
		声音是怎样产生的	1	
		我们是怎样听到声音的	1	
		声音是怎样传播的	1	

(续表)

领域	单元	课题	次数	合计
	力学	像火箭那样驱动小车	2	15
		用橡皮筋做动力	1	
		运动与摩擦力	2	
		拱形的力量	1	
		滑动与滚动	1	
		杠杆的科学	3	
		摆的研究	1	
		浮力	1	
		物体在水中的沉与浮	1	
		马铃薯在水中的沉浮	1	
		沉浮和什么因素有关	1	
	热学	热起来了	2	13
		热是怎样传递的	3	
		光与热	1	
		鸡蛋的秘密	1	
		液体的热胀冷缩	3	
		空气的热胀冷缩	1	
		给冷水加热	1	
		传热比赛	1	
	光学	光和影	3	6
		光的反射	2	
		光是怎样传播的	1	
	电和磁	生活中的静电现象	2	4
		点亮小灯泡	1	
		电和磁	1	
物质科学之化学部分	溶解	溶解的快与慢	2	2
	化学反应	小苏打和白醋的变化	2	3
		米饭、淀粉和碘酒的变化	1	

(续表)

领域	单元	课题	次数	合计
生命科学		身体的结构	1	6
		骨骼、关节和肌肉	1	
		食物在体内的旅行	1	
		食物链和食物网	1	
		营养要均衡	1	
		种子发芽实验	1	
地球与空间科学		岩石会改变模样吗	1	6
		地球内部运动引起的地形变化	1	
		昼夜交替现象	1	
		谁先迎来黎明	1	
		极昼和极夜的解释	1	
		月相变化	1	
工程与技术		放大镜	2	5
		污水和污水处理	1	
		分类和回收利用	1	
		垃圾的处理	1	
合计				66

从上面的统计可以看出,以下方面的课题适合于微型课教学。

(1) 有实验的教学内容。科学学科相对其他学科,做实验以验证或探究某一问题是其区别于其他学科的重要特点。实验可以分为实物实验和模拟实验。实物实验有物理、化学和生物实验,模拟实验主要是地球空间科学的一些实验,如地球、月球运动等。相对于空间能力很强的模拟实验,实物实验的课更容易被学生在短时间内掌握、教师也更容易引导和掌控,故而更容易被选为微型课的课题。实物实验又以在短时间内能够产生明显现象或者可以测量的为最佳。比如,经典的"沉浮""溶解""电""磁""声""光"和"运动"等,这些内容中,无论是通过实验验证还是设计实验探究,都能够很清晰地将"问题的提出"—"猜想"—"设计实验"—"实验并记录结果"—"分析结果得出结论"等教学程序有序推进,整个教学过程流畅,易于教学活动的开展和教学目标的完成。

(2) 能够进行实物观察或测量的教学内容。几乎所有学科的课程都需要观察,但是对于科学课程来说,观察的意义和方法远比其他学科要重要。从观察的意义来讲,科学课的观察和测量一样,都是为科学寻找数据或证据用以验证或者探究某一科学知识,因此对观察或测量的数据要求更精确和客观。从方法的角度看,科学观察除了采用多感官以外,往往还要借助工具从而得到更为准确的结果。这一类的课题有"动植物的观察(观测)""月相的观察(观测)""星空的观察(观测)""天气观察(观测)"等,很多课题都不仅是单纯的观察,而是伴有测量,高年级的教学还会涉及数据分析。比如,"我们常见的天气现象"一课,很多教师会选择讲述气温变化,用曲线图分析一年12个月的平均气温,得出气温的年变化规律。

二、课题的审题能力

对于给定课题的公开课(或微型课),审题是关键。审题的正确性直接反映教师个人的逻辑思维品质。审题时偏题是很多新手教师常见的毛病,尤其是在准备时间短、没有团队指导的情况下,偏离主题的现象更为严重。偏题一般有以下情况:

1. 没有看清(懂)题目,抓不住要点

出现这类问题的教师,很容易给人留下语文没有学好的感觉。例如,在某次面试中,一位面试者抽到的题目是"矿物和岩石的用途",他在十分钟之内讲了两点:"一、调查家里有哪些矿物和岩石?二、到校园里去看看有哪些矿物和岩石?"至于"矿物和岩石的用途"几乎未提及。如此偏离主题的讲课,在临时给定讲课题目的情况下,时常发生。

2. 主次不分,抓不住重点

有些教师的审题不清表现在分不清主次,导致次要的内容占据很多的时间和精力,而对重点的内容则轻描淡写了。例如,一位教师讲解"大气污染"的微型课,他设计的教学点有:引入主题—大气污染有哪些—大气污染的成因—大气污染的危害—大气污染的治理等五个内容。这五个内容中,无疑"成因"或"危害"或"治理"都可以作为教学重点,而其他两个内容明显为次要内容。但是这位教师却把引入作为了重点,如下:

教师:同学们在家里是否帮妈妈做家务?
学生:做!
教师:做什么家务呢?
学生:洗碗、扫地、倒垃圾……

教师:你们把垃圾倒到哪里去了呢?
学生:丢在垃圾桶里。
教师:垃圾桶里的垃圾又去了哪里?
学生:垃圾站、垃圾场等。
教师(等不及了,直接问):垃圾最后怎么处理了呢?
学生:埋了、烧了。
教师(终于找到了突破口):垃圾燃烧会产生什么?
学生(也终于知道老师的意图):大气污染。

十分钟的微型课,绕很大个弯终于到了正题,然而10分钟的微型课,引入已经用时超过3分钟。后面的内容就只能因陋就简,轻描淡写地讲过了。

3. 没有完全领悟核心概念,舍本求末

有时候,教师看上去并没有偏题,但是和核心概念一对照,就发现本末倒置。例如,有位教师上"小苏打和白醋"一课,他的上课内容完全是围绕"小苏打和白醋的反应"展开的,但是,他在"小苏打和白醋反应"过后,不是去点明核心概念——"小苏打和白醋反应产生了新物质,这样的反应叫化学反应",而是把教学引向了证明反应生成的气体是CO_2,并将证明CO_2的存在当成了重点,导致本应突出的不突出,而可以不阐述的内容却变成了重点内容。

4. 内容混乱,没有逻辑

有些教师在审题方面出现的问题不在于不扣题,而是每个教学点都是围绕主题展开的,但是却没有次序,东一下西一下,十分混乱。例如,在讲述"大气污染"时,教师也知道与大气污染相关的内容有:哪些是大气污染、引起大气污染的原因、大气污染的危害、大气污染的治理等,但是在具体教学时,却理不清头绪,既不是按照整体的污染类型—危害—成因—治理措施的顺序,也不是按照案例分析的方法:某一种大气污染案例—指出危害—分析成因—采取措施,而是一会儿讲某种大气污染的原因,一会儿讲另外一种大气污染的危害,想起来又补充前面的措施,还分不清原因和措施之间的关系。总之,整个讲课过程完全随心所欲,想到哪里讲到哪里,使听者一头雾水,全然找不到他的逻辑。

> 课后练习

1. 简述课题选择的依据。

2. 湖南省师范生教学技能大赛中,科学课的比赛是不给学生提供实验器材且不允许学生自带实验器材的。如果本年度的比赛制定的教材是湘教版《科学》第4册,你认为有哪些知识点可能会被选中？参考的格式如下：

湘教版《科学》第4册不需要实验器材的教学知识点

单元	具体知识点	备注

第三节 教学目标的确定与叙写

一、教学目标

教学目标是指教学活动预期所要达到的最终结果,是教学设计的出发点和归宿。教学目标设计是否可行、合理,直接影响教学活动是否能沿着预定的、正确的方向前进。

科学课程标准实验稿中提倡教学目标分三维,分别为知识与技能、过程与方法、情感态度价值观。2017年科学课程标准将课程目标改为"科学知识""科学探究""科学态度"和"科学、技术、社会与环境"四个方面。不管课程标准中教学目标从哪个角度阐述,教学目标都是教学的指导,是教学的终极目标,故而教学目标是教学活动的最高参照标准。教学目标在教学活动中的地位独一无二,它对指导教师高效地开展教学活动、使学习者对所学内容达到预期效果有着重要作用;它有利于教师有效地开展教学,对帮助教师理清教学思路、合理安排教学内容、调控课堂教学活动起着很好的导向作用;它有利于学习者进行学习活动,使学习者目标明确、心中有数、减少盲目性,增强其自信心和积极主动性,迅速提高其学习水平和学习效果,还为教学评价提供了可靠的依据。

二、教学目标设计的基本原则

教学目标设计涉及多种因素,在设计教学目标时应协调好各方面的关系,充分贯彻系统性、具体性、科学性、层次性、有效性等原则。

1. 系统性

设计教学目标要注重挖掘各个目标之间的纵横联系,通过整合使其成为一个系统的整体。教师应先对教学内容、教学对象、教学环境等进行综合分析,所确定的教学目标要包含目标的三个维度,不可偏颇,但可以有所侧重。

例如,湖北省泊头市泊镇学区姚安小学韩淑花老师的"昼夜交替现象"的教学目标是这样写的:

    1. 知识与技能
    (1) 了解昼夜交替现象有多种可能的解释。
    (2) 知道昼夜交替现象与地球和太阳的相对圆周运动有关。
    2. 过程与方法
    (1) 提出地球产生昼夜交替现象的多种假设,并能用模拟实验进行验证。
    (2) 能运用实验收集证据。
    3. 情感态度与价值观
    (1) 认识到一种现象可能有多种不同的解释。
    (2) 培养主动探索、积极合作的态度。

上述的教学目标,结构合理,既有可观测的行为后果性目标,又不忽视表现内部心理过程的目标;内容全面,既有科学知识与技能目标,又重视探究的过程和方法,还兼顾情感态度价值观的养成,充分体现了教学目标的系统性和整体性原则。

2. 具体性

教学目标是教学的具体指导,目标取向要定位于学生的"最近发展区",要切合学生的实际需要、接受水平,所列目标要具体、可操作和可检测。对于认知目标,要具体到记忆、理解和运用三个层次上;对于方法目标,要具体到掌握、熟练等水平;对于情感态度价值观目标,要具体到接受、体会和深化等方面。如上述的教学目标,具体可操作,一目了然,便于检测和评价。

3. 科学性

教学目标设计一定要合理、严谨、无科学性错误,只有科学的目标才能保证优质的教学质量。科学课程的教学目标的科学性包括以下方面:

(1)教学目标设计要符合学生的认知规律,这要求教学目标在难度上要适宜。我们不建议在低年级阶段过于拔高要求,也不赞成在高年级阶段太多地降低要求,这需要根据学生的已有水平进行调节。

根据皮亚杰和维果斯基的理论,儿童心理发展阶段和思维水平是分阶段的,不同阶段的科学行为是有差别的。

表 3-3 皮亚杰和维果斯基关于儿童心理发展和思维水平分段表

皮亚杰	年龄段	维果斯基	科学行为
自我中心阶段	3—4	混合思维水平	把个人的感觉和知觉联系到一起(如认为白马非马)
直觉阶段	5—7	复合思维水平	会分类;会一个变量比较(如比大小时不能同时比粗细);不懂守恒和可逆
具体运算阶段	8—10	前概念思维水平	会类比;会两个变量比较(如知道温度高液柱会高);会想象;主动;提出模型
形式运算阶段	11—12	概念思维水平	有系统地归类;抽象出模型

以"水的认识"为例,幼儿园阶段,教学目标宜为"认识水放在任何容器里都是水(不变性)";小学一、二年级阶段,教学目标宜为"比较水的单一变化(比较)。比如两个一样的瓶子,装一样多的水,说明水一样多;或者是一杯水,倒入不同的容器,水的量没有改变";小学三年级阶段,教学目标宜为"比较水的多少(类比)。比如两个不一样的容器,装不同高度的水,如何比较哪个水多";小学四年级阶段,教学目标宜为"水和油都能够流动,它们是液体(归类)";到小学高年级,则可以介绍"水的构成,比如水分子模型"。

(2)教学目标设计要符合现代教育学理论。现代教育学提倡学生是学习的主体,所有的教学目标最终是为学生的学习服务的,都是要以学生最终的达成来检验的,因此,在设计教学目标时,要站在学生的角度进行阐述,即要求教学目标的主语是学生。以下三个案例都是《昼夜交替》一课的教学目标表述:

案例 1

教学目标[①]：

1. 知道日月星辰东升西落、昼夜交替等现象都是由地球自转形成的。

2. 通过让学生体验人类探究"昼夜交替"自然现象成因的历程，培养学生从小像科学家那样进行模拟实验验证猜想和假设的能力。

3. 通过让学生借助实验器材模拟出"昼夜交替"现象，培养学生对天文现象的探究意识和能力。

4. 通过让学生了解哥白尼等科学家的故事，培养学生尊重事实、实事求是、认真严谨的科学态度和合乎逻辑的推理能力，从小树立为科学奋斗的理想。

教学重难点：

教学重点：知道昼夜交替现象是由地球自转形成的。

教学难点：设计实验探究昼夜交替现象的成因。

案例 2[②]

教学目标：

1. 会做昼夜交替现象的模拟实验。

2. 了解人类对昼夜交替现象的认识历程。

3. 知道昼夜的成因。

4. 知道哥白尼和托勒密的主要观点。

5. 意识到科学是不断发展的，人类对自然的认识是在不断进步的。

案例 3

教学目标[③]：

（一）科学概念

通过昼夜交替现象的模拟实验，初步理解昼夜交替现象与地球的自转有关。

（二）过程与方法

通过对昼夜交替现象成因提出多种猜想，并设计实验进行验证，从而养成观察事物、运用已有知识做出假设、表达、交流等探究能力。

---

① 《昼夜交替》教学设计，胡和国，湖北省黄冈市浠水师范附属小学教师 http://www.hgjky.com/Item/2643.aspx，2014 年 09 月 03 日。

② 来自《魅力科学课》。

③ 来自 2015 年全国科学教育专业师范生教学创新展示活动。

（三）情感态度价值观

1. 通过小组讨论提出昼夜交替成因的猜想，认识到积极参与讨论，并有根据地发表解释是重要的学习经历；

2. 通过小组汇报昼夜交替成因的猜想，认识到"同一现象可能有多种不同的解释"，并需要用更多的证据来加以判断；

3. 通过验证昼夜成因猜想的探究实验，明白科学探究是一个漫长的过程，需要不断地学习、探究，用新的证据推翻、修正已有的科学知识。

同样是"昼夜交替"的教学，教学目标的表述却有所不同。案例1是站在"教师教"的角度进行表述，主语是"教师"，即教师是教学的主体，教师主动地组织各种教学活动，教会学生"认识昼夜交替现象和原因"，注重的是最终的知识结果：地球自转产生昼夜交替。案例2和案例3都是站在"学生学"的角度来表述教学目标，主语是"学生"，即教师充分考虑到了学生的前概念，引导学生表达自己的看法并设计实验验证。此时，教师是主导，学生才是主动学习的主体。案例2和案例3的不同之处在于：案例3比案例2在表述上更为细致和集中，也更为准确和便于操作。

（3）教学目标设计要保证知识内容的科学性。科学知识的科学性是科学课程教学的根本所在，如果在教学目标的确定上就出现了知识的科学性错误，后续的教学就徒劳无功了。由于小学科学知识涉及面广，教师的科学知识功底欠缺等，教学目标中的科学性错误经常出现，这一点需要引起教师的极大重视，建议平时要多多加强科学基础知识的学习和深造。

4. 层次性

教学是一个循序渐进的活动过程，教学活动的设计就是要为学生打开一个从不会、学会到会学，从低级到高级的逐步发展的过程。因此教学设计要与学生的发展进程相适应，体现一定的层次性。教学目标在设计时，要照顾到知识的层次性，使知识的学习有一个梯度。一般科学教学目标可以分为基础性目标、拓展性目标和探究性目标三个层次。理想的教学目标设计，就是要将学生从低级水平往高级水平推进，而不是停留在一个相同的水平甚至是较低的水平。

例如，"光与影"的教学目标

1. 知道光是沿直线传播的；
2. 当光在传播的途中遇到不透明的障碍物，有一部分光会反射回来；
3. 光不能穿透不透明的障碍物，所以会在障碍物的背面留下

影子;

    4. 影子的形状和大小与光源位置、远近有关。

上述目标中下一层较高的层次目标都建立在上一层较低的层次目标的达成之上,都是对下层目标的提升和深化。

三、教学目标的确定依据

新课程改革将教学目标分为三个维度,即知识与技能,过程与方法,情感态度与价值观。知识与技能,过程与方法,情感态度与价值观三个维度的教学目标是一个有机的整体,它们相互联系,相互作用,具有内在的统一性。其中,科学知识是指科学事实、科学概念、原理规律等;科学技能包括观察、调查、测量、实验等。过程与方法是指认知的过程与方法,学科研究的过程与方法,学科学习的过程与方法,强调的是让学生在过程中获得知识和运用知识,在过程中学习方法和应用方法。情感态度与价值观是指对自然、对社会、对他人、对自己及相互关系的情感态度、价值判断等,比如科学的态度、科学的精神等。在确定三维教学目标时需要考虑以下方面。

    1. 学科知识结构

学科知识是教学目标的核心部分。一般认为,学科知识体系包括学科知识、学科能力和学科思想方法。学科知识是学科的第一要素,是学生学习的重要基础,重在解决知与不知的问题。科学学科知识涉及的范围广、内容多,而且日新月异。让学生学习什么样的知识才最有价值,如何克服知识的片段化和琐碎化,是教学目标确定时首先要考虑的问题。布鲁纳早就明确指出:"学生对所学材料的接受必然是有限的,怎样能使这种接受在他们以后一生的思考中有价值?对于这个问题的回答是:不论我们选教什么学科,务必使学生理解该学科的基本结构"。布鲁纳的观点告诉我们,在确定教学目标时,要尽量去了解与本课有关的结构性知识,尽量使教学目标向结构性知识靠拢。

学科能力是学生智力、能力在特定学科中的具体体现,是当前国际和国内基础教育领域共同关注的热点。《国家中长期教育改革和发展规划纲要(2010—2020年)》在战略目标和战略主题中明确提出"坚持能力为重,优化知识结构,丰富社会实践,强化能力培养,着力提高学生的学习能力、实践能力、创新能力"。国际上,TIMSS、PISA、NAEP等大型学业成就测试,美国《共同核心课程标准》《下一代的科学标准》等重要课程文件中对核心学科领域的能力表现也提出了系统标准和要求。有关能力及学科能力本质和内涵的研究,主要可以概括为四种能力观:认知和智力论的能力观、方法和过程论的能力观、学力论的能力观以及类化经验论的能力观。对于学科能力的分类主要有思维能力、操作能力、观察能力、实验能力、探究能力、应用能力、分析问题和解决问题能力、创新能力、学习能力、实践能力等。《小学科学课程标准》提到的科学学科能力有分析、综合、比较、分类、抽象、概括、推理、类比等思维方法,发展学习能力、思维能力、实践能力和创新能力,以及运用科学语言与他人交流和沟通的能力。

科学的学科思想是从科学认识和研究方法的基础上提炼出来的、能够发现和解释其他同类或更多事物的合理观念和推断法则,它对进一步的、更广泛的科学研究和社会实践具有导向作用。美国科学社会学家默顿认为:普遍性、公有性、无私利性和有条理的怀疑性构成科学的思想气质。我国一些学者认为:公正、简单入手多元思考、证实加证伪、理性怀疑、争论与激励是科学思想的关键词语。

学习拓展

公正:以公正的立场观察事物。

简单入手,多元思考:选择简单对象开始研究,建立理想模型,尽量应用数学,完整地考虑各要素,建立理论,并通过修改和扩展,扩大应用范围。对事物的正确认识,最重要的就是避免片面思维,要有多元化思考,但大脑处理信息能力有限,所以先选择简单对象,这样就可以避免思考过多的因素。而较复杂问题可以用研究简单问题导出的结论通过各种方式的叠加和处理解决,更复杂的问题可以用已有结论定量和定性分析。

证实加证伪:科学是严格的,它强调理论与实践的一致,即理论的任何导出陈述都必须与观察相符,能用实验证实,不能被证伪的理论就不是科学。现代科学有许多新理论没有较多的实验支持,往往源于人为的演绎构造,这样的知识系统,只要有一个与观察不同,就应该推翻。但对经验科学,经验先于理论,则不应该轻易相信证伪,即使某个陈述被证伪,也应先考虑修改,或用更大的理论包容旧理论。

理性怀疑:科学不是绝对真理,任何知识体系都是人为构造的,科学特别强调怀疑精神。但科学的怀疑不是盲目怀疑,是有根据的怀疑。目前许多科学领域近于成熟,因此怀疑需要一定的理性基础。

争论与激励:现代科学是一种社会事业,需要团队合作才能有所建树。在科学研究环境中,中小学要培养辩论水平,大学要有较多的学术活动,学术权威要努力发现和推荐新人,注意培养科学道德,蔑视和打击科学上的剽窃和弄虚作假,保护知识产权。

有些学者认为科学精神可以代表科学思想。近年来的核心素养中认为科学精神包括以下三个部分:(1)理性思维:崇尚真知,能理解和掌握基本的科学原理和方法;尊重事实和证据,有实证意识和严谨的求知态度;逻辑清晰,能运用科学的思维方式认识事物、解决问题、指导行为等。(2)批判质疑:具有问题意识;能独立思考、独立判断;思维缜密,能多角度、辩证地分析问题,做出选择和决定等。(3)勇于探究:具有好奇心和想象力;能不畏困难,有坚持不懈的探索精神;能大胆尝试,积极寻求有效的问题解决方法等。

2. 学生已有水平、接受能力和发展需求

教学的主体是学生,教学目标的最终受益对象是学生,任何教学目标的实现只有在学生的主动学习、积极探究和实践应用的过程中,才能获得其实质意义,因此教学目标一定要考虑学生的已有水平、接受能力和发展需求。学生的已有水平取决于学生以往的学习和生活经验,这些经验无论是直接的还是间接的,都影响当下学生的接受能力。另外,教学是为了学生的发展,教学目标也要全面考虑学生个人和社会发展的需求,这些都影响教学目标范围和难易程度的确定。

目前,有些教师为了追求教学内容的与众不同,经常会有意无意地扩展教学目标的范围和提高教学目标的难度。比如,"利用行星视差证明地球的公转"这一教学内容就超出了六年级学生的理解水平。"行星视差"是一个超宏观的问题,六年级学生虽然已经具备一定的逻辑思维能力,但是超宏观的空间想象能力依然缺乏,让他们在理解空间的宏大性上存在一定的困难。很多教师会说:我们可以以中观来解释"行星视差",引导学生从中观的角度看宏观的问题。但是,总以中观的思维去考虑宏观的问题是狭隘的思维方式,是以牺牲学生未来的空间想象力为前提的,实在不可取。还有"地球自转的证明——傅科摆",要弄清楚傅科摆证明地球自转的原理,必须要在逻辑上学会三段论,另外还要完全理解并牢记"单摆的摆面不受任何因素的影响,在空间上是不会改变方向的",六年级的学生明显很难熟练掌握这些前期知识,因此就很难真正理解"傅科摆为什么能够证明地球在自转"的问题。也就是说,很多上课的教师自己都不能很清楚正确地明白这个逻辑,又如何能够进行这个问题的教学呢?

四、教学目标的叙写

教学目标的叙写,强调的是教学活动对学生产生具体的行为改变(也叫行为取向的教学目标),即说明学生在教学后能学会什么知识、掌握什么方法、养成什么精神和情感等。一节课的教学目标是明确的、具体的、可观察和可测量的,应采用明确的语言表达教学目标。

关于教学目标行为观的陈述方法,美国学者马杰(R. F. Mager)提出了ABCD模式。马杰认为,教学目标应描述课堂教学结束时学生终点行为,即学生在课堂教学结束时将会学到什么。因此,教师应该把学生内隐的心理状态转化为外显的行为表现,教学目标应该列举学生内部心理状态的行为样本,表述学生在课堂结束时应该达到的行为指标。马杰认为,一个良好的行为目标应该具备四个要素:

1. 行为主体(Audience)

马杰认为学生是学习的主体,教学目标的开头应该是"学生"。他反对传统的"以教师的教"为主体的教学目标的设计,认为那是把教学当成了教师要做的事情,而不是期望学生通过学习发生什么样的变化,是忽略了学生是学习的主体。传统的"以教师为主体"的教学目标的阐述是"通过……教给学生……""通过……培养学生……""通过……让学生……"等。现代的"以学生的学"为主体的教学目标的阐述是"通过……学生了解……"。

2. 行为(Behave)

行为是指描述主体的可观察、可测量的具体行为。分为含糊的和明确的两大类。含糊的行为动词有掌握、了解、知道、欣赏、喜欢、认识、理解、养成等,明确的行为动词有比较、解决、对比等。

布卢姆等人将学生的发展划分为三大领域:认知领域、动作领域和情感领域,并在此基础上创立了教育目标分类学。① 布卢姆将认知领域的发展目标按知识与能力两个维度分类。在知识维度,知识分为事实性知识、概念性知识、程序性知识和反省认知知识4种类型。在能力维度,能力由低级到高级依次被分为记忆、理解、运用、分析、评价与创造6种水平。4种知识类型×6种能力水平,总共构成24个目标单元。每一个目标单元所指的就是某一类知识的某种掌握水平。

表3-4 布卢姆认知分类学结构(修订版)

知识维度	能力维度					
	记忆	理解	运用	分析	评价	创造
事实性知识						
概念性知识						
程序性知识						
反省认知知识						

---

① [美]安德森等编著,皮连生主译.学习、教学和评估的分类学——布卢姆教育目标分类学(修订版)[M].华东师范大学出版社,2008:5-178.

例如,某节课的总体目标是"学生应该学会使用电磁铁解决问题"。根据布卢姆的分析框架,就可以将目标依次置于分类表中。

表 3-5 教学目标分类表

知识维度	能力维度					
	记忆	理解	运用	分析	评价	创造
事实性知识						
概念性知识		目标1	总体目标	目标2	目标7	
程序性知识			目标3		目标6	
反省认知知识	目标4		目标5			

总体目标:学生应该学会使用电磁铁解决问题
目标1:帮助学生对目标进行分析
目标2:帮助学生选择合适的定律
目标3:帮助学生实施恰当的程序
目标4:帮助学生回忆反省认知策略
目标5:帮助学生实施反省认知策略
目标6:帮助学生核查他们的程序实施
目标7:帮助学生评判解决方案的正确性

教育目标分类学中各领域目标的行为动词见表 3-6:

表 3-6 认知领域的目标层次即行为动词举例

目标层次	行为动词举例
知识	界定、描述、指出、标明、列举、选择、说明、背诵
领会	转换、辩护、区别、估计、解释、引申、归纳、举例
运用	解答、运用、示范、表现、计算
分析	区别、指明、举例说明、图示
综合	联合、归纳、重组、重写、总结
评价	比较、检讨、解释、鉴别

表 3-7　情意领域的目标层次及行为动词举例

目标层次	行为动词举例
接受	发问、选择、描述、找出
反应	遵守、支持、帮助、选择
价值的评定	描述、解说、提议、分享、研究
价值的组织	坚持、联合、比较、申辩、说明、统整
性格化	建立、表现、实践、提议、服务

3. 情境或条件（Conditions）

指影响产生教学结果的特定的限制或范围。例如，"在某某时间内，能独立完成某某题目""根据所提供的材料，设计某某具体的教学如下"等。

4. 表现程度或标准（Degree）

指教学目标所达到的最低表现水准，用以评量学习表现或学习结果所达到的程度。可以是定性的，也可以是定量的。如，"掌握酒精灯的操作步骤""请用量筒测量出 2 mL 液体"等等。

标准的设定使教师评估学生完成行为的质量有了依据，对学生来说，他可借此知道教师的评价依据，同时也可以据此自己做出评判。

下面是以 ABCD 模式编写的教学目标：

<u>在热胀冷缩实验中，每个实验小组要通过正确的实验操作，填写出实验报告单</u>。

　　　　C（条件）　　　　　A（主体）　　　　　B（行为）　　　　　D（标准）

五、教学目标的评价

课堂教学的多维目标，是相辅相成的统一体。过程与方法，只有以学生积极的动机、情感态度与精神为动力，以知识与技能为对象，才能体现其存在的价值。情感态度与价值观，只有经过学生对知识与技能的学习、实践、反思与批判的过程，才能得以形成和提升。当然，知识与技能，过程与方法，情感态度与价值观三个维度也各有所指，各有侧重，从学习的对象和内容来看，知识与技能主要指向结论，过程与方法主要指向过程，情感态度与价值观主要指向精神。从学习的过程来看，知识与技能主要反映的是认知的过程，包括知识的获得，过程与能力的形成过程；过程与方法反映的是学科研究的过程与方法，学科思维的过程与方法，学科学习的过程与方法；情感态度与价值观主要反映的是个体人格的形成过程和内心世界的充实过程。从学习的目的来看,知识与技能主要是授之以"鱼",过程与方法主要是授之以"渔",情感态度与价值观主要是授之以"育"。

> **课后练习**

1. 教学目标包括哪些方面?
2. 在科学教材中选择一节课,写出教学目标。
3. 按照教材中模式,完成"沉与浮"教学目标的撰写。

第四节　教学策略和教学方法的选定

一、教学策略和教学方法

教学策略是依据事先特定的教学目标而制定的、付诸教学过程实施的整体方案,它包括合理组织教学过程、选择具体的教学方法和材料、制定教师与学生所遵守的教学行为程序。教学策略包括教学活动的元认知过程、教学活动的调控过程和教学方法的执行过程,是有效解决"如何教""如何学"问题的必经途径。教学策略是实施教学过程的教学思想、方法模式、技术手段等三方面的集成,教学策略比具体的教学方法的范围要大。

教学方法是教师和学生为了达到预定的教学目标,在教学理论与学习理论的指导下,借助适当的教学手段(工具、媒体或设备)而进行的师生交互活动的总体考虑。每节课都有具体的主要的教学方法。

二、教学策略类型

在新课程改革过程中,主体参与策略、自主教学策略、合作教学策略、探究教学策略、体验成功策略和差异发展策略等得到了广泛的重视。

1. 主体参与策略

小学科学课程标准明确提出:突出学生的主体地位。要突出学生的主体地位,就是要学生在外部行为和内部思维上积极主动地参加各种教学活动,体现了教学活动过程中科学实践观和主体能动性的统一。学生作为主体参与的目标是,通过构建学生的主体活动,完成认知和发展任务,促进学生主体性的发展。

学生主动参与教学活动,不仅是构建、保持和运用知识的基础,而且是促进学生认知活动发展,提供道德审美价值经验的基础。学生通过主动参与,才能真正掌握凝结在精神文化中的社会道德准则、理想、审美、情感、责任感和义务感,形成内在的价值目标,从而实现从道德认识向道德行为的转化,培养良好的个性和人格。学生通过主动参与,才能主动学习、拓展发展空间、挖掘自我的创造潜能,从而开发自己的创造力。

主动参与教学策略的实施,核心问题是变过去"让学生参与"为学生的"我要参与"。为此教师需要改变教学观念,放弃过去对课堂教学的牢牢把控欲望,如,将教学目标、教学内容整理好直接告诉学生,要求学生背诵、练习等,而是成为教学的引导者,如了解学生的前概念、听取学生的意见,引导学生自己制定学习目标、设计学习活动、主动完成学习任务。

2. 自主学习策略

新的课程改革,将自主学习作为一种新的学习方式加以倡导。学生的自主学习是一种自主的学习活动和自主的学习能力。在主体与自我的关系中,自主学习意味着学生主体按照自己所固有的内在本性去支配和选择自己的学习方式和发展方式,而不必由于外界力量的强行介入而被动地进入某种违背自己本性和意志的存在状态和发展模式,由此可见,自主学习是一种能力,这种能力不是与生俱来的,它需要教师加以引导和培养,引导学生对学习感兴趣,培养学生良好的学习习惯,不断地提升学生的学习能力和构建合理的知识结构。只有学生自觉自律,具有能够独立地管理自己的能力,并对自己的选择和行为负责,且掌握一定的学习方法和知识根基后,教师才可以放手让学生自主学习。

3. 合作教学策略

合作是现代社会群体间人际关系和交往的重要形式。合作教学策略的目标是:通过实践活动基础上的主体合作与交往,促进学生主体性发展和学生社会化进程。合作教学过程中,师生在主动与被动角色扮演中,相互接纳,相互理解,形成相互促进的和谐关系。生生在合作过程中,相互协作、分工负责,建立起集体意识和行为规范,从而学会沟通与交流、尊重与谦虚、竞争与合作,为社会化奠定基础。

合作教学的基本要素主要包括:对合作性目标结构的适度认同,成员间的相互信赖,个人责任,社交技能与合作意识,小组自评。其中重要的是目标认同,只有认同才能保证学生合作学习动机的真正激发,保证学生合作需要的真正内化,使小组确实作为一个"利益共同体"而存在。教学活动中学生的合作意识和合作技能主要表现为:倾听(尊重与信任)、交往(理解与沟通)、协作(互助与竞争)、分享(体验与反思)。合作学习的核心问题是在合作中超越自己。

4. 探究教学策略

根据当代建构主义教学论的基本观点,知识不是客观的东西,而是主观的经验解释和假设。知识不是预先存在于学生的语言文字符号之内,而是要调动先前经验去发现和探究,是解释和构建起来的。教学不是被动地接受东西,而是主动地生成自己的经验、解释和假设。教学不是传递东西,而是创设一定情境和支持,促进学习者主动构建知识和探究知识的意义,因此,探究式学习成为科学课程标准倡导的学习方式。

三、教学策略选定的原则

1. 指向性

教学策略是指向具体的教学目标的,是为完成特定的目标而采取的有针对性的措施。但是,它又不同于具体的教学方法,是对教学方法的上位的指导,负责指明方向。故而教学策略要有指向性,而教学方法则要更具体,更具可操作性。

2. 灵活性

不同的教学目标应该采取不同的教学策略,没有对任何情况都适用的教学策略。教学中不同教学策略面对同一学习群体会产生不同的效果,即便是采用相同的教学策略教同样的内容,对不同的学习群体也会产生不同的教学效果。另外,教学策略与教学问题之间的关系也不是绝对的对应关系。同一策略可以解决不同的问题,不同的策略也可以解决相同的问题。教学策略要根据教学的具体内容和学生的具体情况、教师本人的能力灵活选取。例如,对于同样是五年级的学生,城市某重点学校和从来没有正规上过科学课的农村某学校,采用的教学策略就会有所不同。

3. 多样性

任何教学策略都指向特定的问题情境、特定的教学内容、特定的教学目标,规定着师生的教学行为。放之四海皆准的教学策略是不存在的。为了满足多样的教学需要,应提供多样的教学策略,以完成各种教学目标的教学。

四、教学方法的类型

古今中外,不同的学者从不同的角度对教学方法进行了分类。李秉德教授按照教学方法的外部形态,以及相对应的这种形态下学生认识活动的特点,把中国的中小学教学活动中常用的教学方法分为五类。

第一类方法是"以语言传递信息为主的方法",包括讲授法、谈话法、讨论法、读书指导法等。这类方法是各科教学的基础。第二类方法是"以直接感知为主的方法",包括演示法、参观法等。第三类方法是"以实际训练为主的方法",包括练习法、实验法、实习作业法。其中实验法在科学教学中使用频率较高。第四类方法是"以欣赏活动为主的教学方法",例如陶冶法等。第五类方法是"以引导探究为主的方法",如发现法、探究法等。这类方法是科学教学倡导的教学方法。

最早提出在教学中使用探究方法的是杜威。他认为,科学教育不仅仅是要让学生学习大量的知识,更重要的是要学习科学研究的过程或方法。探究教学的实质就是"像科学家一样思考和行动",即要学生经历"提出问题—做出假设—制订计划—搜集证据—处理信息—得出结论—表达交流—反思评价"等一系列过程,最终获得知识结果。《小学科学课程标准》指出:科学探究是人们探索和了解自然、获得科学知识的重要方法。以证据为基础,运用各种信息分析和逻辑推理得出结论,公开研究结果,接受质疑,不断更新和深入,是科学探究的主要特点。科学探究包括提出问题、做出假设、制订计划、搜集证据、处理信息、得出结论、表达交流、反思评价等八个要素。小学科学课程倡导以探究式学习为主的多样化学习方式,促进学生主动探究。通过探究,逐步培养学生提出科学问题的能力、收集和处理信息的能力、获取新知识的能力、分析问题和解决问题的能力以及交流与合作的能力等,发展学生的创造性、批判性思维和想象力;重视科学与人文的结合,求善求美教育与求真教育的结合,培养学生基本的科学伦理精神和热爱科学的品质。

五、选择教学方法的基本依据

教学方法种类众多,如何选择适当的教学方法,可以参考以下依据:

1. 教学目标

不同领域或不同层次的教学目标的有效达成,要借助于相应的教学方法和技术。教师可依据具体的可操作性目标来选择和确定具体的教学方法。

2. 教学内容

不同学科的知识内容与学习要求不同;不同阶段、不同单元、不同课时的内容与要求也不一致,这些都要求教学方法的选择具有多样性和灵活性的特点。

3. 学生实际

学生的实际特点直接制约着教师对教学方法的选择,这就要求教师能够科学而准确地研究分析学生的特点,有针对性地选择和运用相应的教学方法。

4. 教师自身

任何一种教学方法,只有适应了教师的素养条件,并能为教师充分理解和把握,才有可能在实际教学活动中有效地发挥其功能和作用。因此,教师在选择教学方法时,还应当根据自己的实际优势,扬长避短,选择与自己最相适应的教学方法。

5. 教学环境

教师在选择教学方法时,要在时间条件允许的情况下,最大限度地运用和发挥教学环境条件的功能与作用。

课后练习

1. 简述教学策略的类型。
2. 在网络上观摩一节科学课,指出教师用了哪些教学方法与策略。

第五节 教案的要素及其撰写

教学设计的能力有方方面面,最后都将落实到教案的撰写,教案是教学设计的成果展现。现今,教案的写法多种多样,从形式上说,有文字式和表格式;从内容详略上分,有详案和简案。无论采用哪种方式,教案都是课堂教学思路的提纲性方案,是实施课堂教学过程的一个骨架结构。由于教案是在课堂教学之前完成的设计,因此不可能将课堂中教师要说的每一句话、每一个想法、每一件事都写进教案中去,也不可能把学生的想法、行为都预设到教案中去,所以师生对话式教案不可取。

教案一般有以下要素:教学课题、教材分析、学情分析、教学目标、教学重难点、主要教学方法、教学过程(比如五个环节)、教学内容、板书设计等内容。

一、教学课题的撰写要求

每一节课教案的课题撰写要有具体章和节的名称,由于《科学》教材有多种版本,还要注明版本来源。

对于平常的授课,必要时还需要注明课型。而比赛的课一般是新授课,因此可以省略。下面是教学课题撰写案例:

"简单电路"教学设计

【课题来源】

选自教育科学出版社《科学》四年级下册第一单元"电"第3课。

"简单电路"是教学课题,一般用引号(常见的错误是用书名号或者不用符号),字体比正文大一号、加粗并居中。"课题来源"用"【】"框住,另起一行写;或者加粗后用":"接着写。格式如下:

课题来源:选自教育科学出版社《科学》四年级下册第一单元"电"第3课。

教师根据不同的教学任务而确定课的类型,即课型。例如:新授课、复习课、实验课、实习课、检查课、测验课、综合课、活动课等。

新授课是以讲解新知识为目的的课。复习课是以复习巩固所学知识为目的的课。实习课是以培养学生技能、技巧为目的的课。测验课是以检查学生掌握知识和技能程度为目的的课。综合课、活动课是将讲授、复习巩固、检查提问、作业练习等活动交叉进行的课。任课的教师要根据选择的教学任务和教学实际情况,来确定课的类型。

二、教材分析的撰写要求

当前我们虽然摒弃了"教教材"的理念,提倡"用教材教",但是教材依然是教学的主要凭借。《科学》教材是在科学课程标准指导下,经过专业人员无数次斟酌和修改,最终由教育部(厅)认可的教科书,对于师范生和新手教师来说,因自身沉淀不够而全盘推翻教材、自创教学内容会产生很多问题,因此,我们认为在教材基础上进行一些小的变动是可行的,但完全脱离教材另创不现实也不可取。

对教材的分析,首先要研读《科学》课程标准,找到标准中关于本课题的内容要求、难度要求和能力要求等,并在此基础上深入钻研教材。钻研教材时,要把握与本课题相关的领域、单元等知识结构和能力发展,做到"有结构、有前后、有发展"。

教材分析一般涉及以下内容:本单元属于科学的哪一领域、这一领域以前学习了哪些相关单元、本单元的核心概念有哪些、前面的内容对这节课的学习有何帮助等。如果条件允许,一般要求在单元分析之前提供教材内容截图。

三、学情分析的撰写要求

学生是学习的主体,教师需要根据学生的学习态度、知识结构、能力水平和前概念情况等进行有针对性的教学。对学生的学情分析主要包括以下方面:学生已经具备了哪些相关知识和能力?有哪些与之相关的生活经验?针对本课题的学习,学生有什么样的前概念、学生可能会遇到哪些困难以及学生真正感兴趣的是什么?等。原则上讲,学情分析需要对学生进行调查和了解学生的心理,但是很多情况下的学情分析是凭教师的经验完成的。

四、教学目标的撰写形式

关于教学目标的撰写形式,现在也有多种不同的形式,一种形式是多维目标分开写,一种是综合写。还有一种观点认为:"教"和"学"是两方面,"教"的主体是老师,"学"的主体是学生,因此要从"教的目标"和"学的目标"两方面写。面对这些情况,我们认为:只要学校、比赛方或考试方不做硬性要求,不管采用哪种形式都是可取的。至于教师最终选择哪种形式,完全可以根据自己的习惯和风格决定。

五、教学重点和难点的撰写要求

教学重点和教学难点的确定需要根据教材分析和学情分析确定。一般教材中核心的知识是教学重点。教学难点要根据教学的环境、学生的认知能力、理解能力、接受能力精心设计。对于不同的地区、学校教学环境和学生,教师在讲授同一节课的内容时,教案中设置的教学难点也会有所不同。同一个教师所教授的同一节课,根据对不同班级学生的了解,在(1)班的课堂教学中,不是难点的地方,在(8)班就有可能是教学的难点。授课时就有可能发现,课前设置的教学难点,在不同的班级中会有一些偏差,课后在教案的反思部分中需要调整改变,并要及时地总结经验和教训,提高自己在备课时,设置教学难点(重点、教学目标)的精度和准确度。

在微型课中,无论是教学重点还是难点一般只有一个点。重点难点太多,就失去了本身的意义。

六、教学方法的撰写

教学方法的撰写一般比较简单,直接写成:"教学方法:讲述法、探究法"即可。

七、材料准备的撰写

科学课堂上经常要做实验,因此对实验材料的准备是科学教学中十分重要的环节。课堂实验有教师演示实验和学生实验之分,学生实验经常会先让学生设计实验,从而需要提前准备诸多的实验材料以供学生选择。在"材料准备"一栏,可以分"教师材料"和"学生材料"两类写,如果教师的实验材料和学生的实验材料没有区别,也可以一起写。但是注意,一般PPT属于教学辅助技术,不算在材料之内。

八、教学过程的撰写

教学过程是教学活动的启动、发展、变化和结束在时间上连续展开的程序结构。教学过程具有复杂性和多元性，是认识过程、心理过程、社会化过程的复合整体。关于教学过程，很多教育家都提出了阶段说，即将教学过程分成很多阶段，在每一阶段，教师和学生分别完成一定的活动。主要的教学过程有赫尔巴特的四段教学模式、杜威的五步教学模式和建构主义的学习环(5E)教学模式等。

学习拓展

赫尔巴特的教学过程

赫尔巴特根据其统觉思想，把教学过程分成四个阶段。① 明了：给学生明确地讲授新知识；② 联想：新知识要与旧知识建立联系；③ 系统：做出概括和结论；④ 方法：把所学知识应用于实际（习题解答、书面作业等）。同这四个阶段相应的学生的心理状态是注意、期待、探究和行动。后来被他的学生席勒发展为五段，即预备、提示、联系、总结、应用。

杜威的教学过程

杜威认为，教学过程是学生直接经验的不断改造和增大意义的过程，是"做中学"的过程。杜威根据学生在"做中学"中认识的发展，提出了教学的五个阶段：从情境中发现疑难；从疑难中提出问题；做出解决问题的各种假设；推断哪一种假设能解决问题；经过检验来修正假设，获得结论，即困难、问题、假设、检验、结论五步教学模式，也被称为五步教学法。五步教学法强调：① 学生要有一个真实的、经验的情境，即要有一个对活动本身感兴趣的连续的活动；② 这个情境内部产生了一个真实的问题，作为思维的刺激物；③ 要占有知识资料，从事必要的观察来对付这个问题；④ 他必须负责一步步地展开他所想出的解决的方法；⑤ 他要有机会通过应用来检验他的想法，使这些思想意义明确，并且让他自己去发现是否有效。杜威认为，这五个阶段的顺序不是固定不变的，在实际的思维过程中，五个阶段并不是按一定的次序一个接一个地出现，有时两个阶段可以合二为一，有时谋求结论的重担也可能主要放在单一的阶段上……这些都要根据学生的需要而定。

皮亚杰的学习环

学习环教学源于皮亚杰的认知理论，始于 20 世纪 50 年代晚期到 60 年代早期，是 Karplus 和 Their 针对科学教学而提出的建构主义的教学模式。最初他们将教学过程分为探索、发明和发现三个阶段（1967），后来经过 Karplus、Lawson、Bybee 等人的多次改进，最后成为五个阶段，即引入（Engage）、探究（Explore）、解释（Explain）、精致（Elaborate）、评价（Evaluate），也叫 5E 教学法。

引入（Engage）：首先，教师提供有意义的学习活动，以吸引学生的学习兴趣。然后，学生针对教师提供的实物、问题、情境或现象等，联系已有的知识和经验进行思考。在此环节中，学生的已有知识与情境之间产生的认知冲突，是进一步学习的重要基础和前提。

探究（Explore）：学生针对特定的内容进行探究活动，他们观察现象、建立事物之间的联系、概括规律、识别变量……在此过程中，教师的主要角色是学习的促进者、聆听者和引导者，学生是学习的主体。

解释（Explain）：对学习内容的探究完成后，学生用自己的语言解释探究结果，形成初步解释。然后，教师给出科学的解释、术语或概念。这是使新概念、过程或方法明确化和可理解化的过程。

精致（Elaborate）：学生在获得新的概念后，需要利用这些概念尝试解决问题或解释新现象。因此，教师应该为学生提供时间和空间，让他们参与讨论和获取信息，以加强对新概念的理解，这个过程就是新概念不断精致化的过程。教师应注意引导学生对相应的概念、过程和方法进行归纳总结，使其从术语到内涵全方位地理解新概念。

评价（Evaluate）：在这一环节中，教师需要观察学生如何应用新的概念和方法来解决问题，并提出开放性的问题来评价学生对新概念或方法的理解和应用情况。同时，教师还应鼓励学生进行自评和互评。教师评价可以通过提问、小组讨论、记录学生的动手操作能力、纸笔评价等多种形式对学生进行综合评价。

5E 教学模式可以用来探查学生的前科学概念，培养学生的科学探究能力，以及帮助学生实现概念转变和构建科学概念，因而在科学教学中使用普遍。

根据以上教学理论，我们可以将一般的科学微型课分为四个环节：引入新课、新课学习、总结归纳和学习拓展。具体地说，每个环节需要完成的内容如下：

引入新课一般是要创设本节课学习的情境，为新课内容的学习做铺垫。

新课学习一般是可以根据内容分解成多段教学活动，教学活动之间要结构清晰、逻辑合理、由易到难、环环紧扣。如果采用探究教学法，各个环节要交代清楚，但是可以有所侧重。微型课中一般不赞成各个环节均衡用力，要有重点。

总结归纳一般由老师完成或者引导学生完成，主要是回顾所学内容，将所学新知识从具体实例中上升到对知识结构化的认识。

学习拓展可以是布置作业和知识的应用，也可以是从前面的学习中引申出新的问题，为下一次课做铺垫。

九、板书设计(见板书设计技能)

总之,教案的要素一般具有以上九个基本环节。虽然由于学习理论的不同,部分环节会在形式上有一些差别,但并不影响教案本质。

课后练习

1. 简述教案有哪些要素。
2. 在科学教材中选择一节课,写出完整的教案。

第4章
小学科学微型课课堂实施技能训练

  本章概述

　　课堂实施技能是在课堂实施过程中形成的能力。课堂教学的实施按照与教学内容的密切程度,可以分为三类:第一类是教学实施必需的环节,但是与教学内容关系不大,主要是进场和退场。第二类是与教学内容紧密相关的环节,包括引入、衔接、结束、讲解、提问、实验演示、板书等。第三类主要是辅助教学,加强和促进教学内容的实施效果,包括组织、反馈(或评价)、强化、实验指导以及应对偶发事件等。以上实施措施都对应相应的能力。从与教学设计的联系来看,前两类是教学必然事件,因此可以预先设计,事先反复练习,以达到不受教学现场影响、流利自如的程度。尤其是进退场、引入、衔接和结束,一般建议新手教师要按照预先设计好的执行,尽量不做随意改动。而辅助教学类措施,在教学中也一定会需要(偶发事件除外),但是一般不能准确地预设,只能根据具体的教学而应对。尤其是偶发事件,教师不能够事先预测在何时何种情境下会出现何种事件,因而只能在实施中随机应变。另外,反馈、评价和强化技能,三者之间相互关联,尤其是反馈和评价很难截然分开。第三类技能,需要经验的积累,一般老教师比新手教师有经验,应对起来会比较轻松自如,新手教师应该通过实践教学、观摩一线教学、请教有经验的老教师等手段,达到见多识广,逐步提升相关技能的目的。

第一节　进场和退场技能

一、进场和退场技能

进(退)场技能一般在公开课、比赛课或者面试课中使用。教师的进场相当于戏剧的开场,需要取势,即现代人说的气场或者是营造气氛。教师的退场是一种礼节,是一件事情的完美收官。一般的公开课(比赛课和面试课),评委对教师不是很熟悉,上课的学生也可能不认识(或者不熟悉)教师。他们对即将上课的教师充满好奇和期待。教师进场的表现,给评委和学生留下的第一印象,直接影响到评委后续的评价以及学生上课的热情与参与程度,真正是"开端决定成败"。而教师的退场则反映教师本身的素养:做事是否有始有终、是否荣辱不惊、是否镇定自若、是否训练有素、是否不失礼节等。

二、进场的方式及模式

进场技能主要建立在教师的形象、衣着打扮、走姿、站姿和普通话等技能的基础上。进场技能就是对以上技能的综合运用。既然是综合运用,单项技能的优秀程度对进场效果的影响就远远小于综合运用的优良程度对进场效果的影响。因此,进场时教师的自信和对进场程序的熟练程度十分重要。

根据最初入场的场地不同,进场的方式可以分为从教室外进场和在教室内进场两种。两种方式大同小异,只是在程序上有些许不同。

1. 从教室外入场法

这是一种常规的、普通的进场方法。比较适合于面试和比赛。它的一般程序如下:

(1) 场外准备。教师入场前先在教室门口站好:挺胸收腹、面带微笑、目光平视前方。深呼吸,提醒自己就要进场了。

(2) 进入场地。微笑、头微微偏向学生,身体向前稳步走向讲台侧面。站定(注意站姿,不能松懈)。

(3) 开场白。教师目光温和地扫视室内一圈(注意不能转头)、收回目光。鞠躬(45°左右,要稳、慢)。鞠躬时,注意手的位置:女性一般将双手放在腹部;男性左手自然下垂,右手放在腹部。稍做停顿后恢复站姿,目视评委和学生,开始问候并做自我介绍。说话时,声音要有底气、要集中,问候语和自我介绍要简洁得当。

一般的问候语为:

各位评委、各位老师、某某班的同学们,大家好!(也可以将鞠躬环节放在这里。)我是今天参赛的第1号选手。我要上的是教科版《科学》第1册第1单元的某某内容。

自我介绍要根据赛课的要求进行。对于面试课或者是匿名的比赛课,不能透露个人具体信息(包括自己的姓名、学校、籍贯等,有的还不能透露参赛号码)。如果赛事可以透露个人信息,自我介绍一般包括自己的姓名和来历,通用的模式如下:

我叫某某某(可以介绍一下自己的姓名,让人更容易记住),来自某某学校。很高兴能在接下来的时间里,和某某班的同学们一起学习(此处可视需要说出或不说出课题名)。

如果时间允许,很多老师会利用一点时间和学生互动热身,即暖场,以消除师生彼此的陌生感,并趁机向学生提出上课的一些要求,一般的模式如下:

老师来你们学校之前,知道要和某某班一起上课,老师感到非常高兴。因为你们的科学老师告诉我:某某班是最棒的。上课不仅纪律好,而且做实验很爱动脑筋,回答问题很积极。接下来的课,我们班同学一定会一如既往地表现优秀,是不是?

总之,教师此时会把对学生的具体要求以表扬的形式表达出来。原则上对学生的要求以 2—3 条为宜,要求越具体越有效果。

(4)组织教学——上课。教师做完开场白和暖场后,课堂教学就要正式开始了。此时,教师应该走到讲台的后面站定,以洪亮的声音喊"上课"。学生起立,鞠躬叫"老师好!"教师回敬鞠躬"同学们好! 请坐。"一般赛课,计时就从教师喊"上课"开始。此时进场也就结束了。

2. 在教室内入场法

现在的很多公开课,都是在大的汇报课教室里进行。上课的教师一般都会做课前的准备,比如调试多媒体设备、分发和检查实验材料等。而学生则是由专门的教师领着排队带进教室。这时候,教师就不必从教室外面入场,即省略了前面入场的(1)(2)环节。由于教师和学生一下子就在一个空间内出现,学生对教师的期待感会下降。但是由于教师和学生都会提前抵达,因而教师可以有更多的时间暖场,采取的方式也就多种多样,可以采取与个别学生交流、与小组同学交流以及与全班同学交流的形式,了解学生的学习状况、小组分工等情况,提前为上课做好情感和组织准备。以下是某老师暖场的情境:

  教师:同学们,今天是咱们第一次见面,此时,咱们之间也一定正在产生着"第一印象"效应。就比如,看到坐姿端正的同学,我就会把他定义为"习惯标兵";看到眼睛里挂着问号的同学,我就想,他一定是一个善于思考的孩子……

  学生(不断调整坐姿、摆放文具……)

  教师:这整齐、笔直的坐姿,真让人赏心悦目!我要给咱们××学校的孩子们的第一印象打满分!诶,那你们能用一个词来说说张老师给你们的第一印象吗?

  学生1:帅气。

  学生2:亲切。

  学生3:帅。

  (越来越多的孩子说到"帅"。)

  教师:哦,你们都觉得张老师很帅吗?

  学生:(异口同声:是。)

  教师:你们知道吗?美国内华达大学学者的一项研究表明,当老师外表更具吸引力时,学生的考试成绩也会提高。看来,这节课上,你们都将满载而归了!准备好了吗?

  学生:准备好了!

  教师:上课!

去其他学校参加教学展示或竞赛活动时,授课教师和学生对彼此是陌生的。在正式授课前通过三两分钟的交流消除学生对老师的陌生感,甚至让学生能主动地信任老师、亲近老师是尤为重要的。本案例中,教师从心理学"第一印象"效应出发,先和学生"聊"起来,在语言的潜在引导中树立榜样、暗示学生做好课前准备,在有来有往的交互中,使教学氛围变得融洽。与此同时,教师紧紧抓住自身外在特点,以"帅"为切入点设疑,既培养了学生的观察、归纳意识,又不失风趣地引出了内华达大学的研究成果,展示了教师的内在学识,由内而外地用个人魅力吸引学生的注意力,为教学的开始升足了温。

暖场的时间必须在上课铃响之前结束,一旦上课铃响起,教师就一定要进入上课环节。

三、退场的方式及模式

一般新手教师会比较注重进场,而相对会忽略退场。缺乏退场环节会给评委留下虎头蛇尾的印象。退场技能主要由感谢词和组织退场等部分组成。一般的程序是先喊下课,学生起立—致感谢词—组织学生退场—自己退场。以下是某教师的退场:

教师:下课!

学生1:起立。

学生(全部):谢谢老师!

教师:谢谢同学们。同学们,请听口令:向后转!请大家也谢谢听课的老师们!

学生:谢谢老师!老师再见!

教师:好,请同学们带上自己的物品,依次从前门离场。

(教师一直注视着学生有序离场。学生全部离场后,教师一边请同行的助手收拾实验材料,一边自己擦好黑板、收拾好讲台上的一切物品,然后带领自己的团队有序离开场地。为下一堂课留下干净整洁的教室环境。)

很多微型课或者是资格证面试时是没有学生的。因此,教师在喊下课后,应该告知评委自己的课到此结束,然后擦黑板并收拾物品离开。在离开时,切忌不能忘了擦黑板、表现慌乱、丢三落四……总之,教师在退场时不能松懈,在离开教室大门之前切记要控制好自己的情绪,不要流露出兴奋或沮丧等表情或者是表现出吐舌、耸肩缩头、扮鬼脸、快速逃离等行为。

教室的进退场虽然不是课堂教学的主要组成部分,也一般不会列入评价的内容,但是,对于评委老师来说,没有纸面的评价指标并不意味着内心就不评价。恰恰相反,绝大多数评委会在意教师的进退场表现,并以此作为印象分的依据。以下是对某位师范生微型课比赛评委的采访:

记者:请问您对本次比赛哪位选手印象最深?

评委:从个人素质来说,5号选手的形象、普通话和上课水平都很好,获得特等奖是众望所归。但是如果说印象深刻的是9号选手,给人一种稳重大气的感觉。

记者:为什么您说9号选手稳重大气呢?

评委:主要是她的退场表现。进场的时候,她镇定自若,面带微笑,倒也没有觉得她比其他选手有什么不同,倒是她上完课,大家也看出她的课有一些小瑕疵,应该说她是比较不满意的,但是她很有克制力,一直保持微笑,仔细地擦好黑板,收拾好自己的东西,然后向评委这边说谢谢。非常有涵养,有风度。据说出去后,她就躲着流眼泪去了,但是我要说,她在这个比赛场地的表现是很优秀的。

记者:评委老师,我可不可以这样评价9号选手:虽然这次比赛她的上课不是很理想,但是她表现出来的个人素质使您觉得她以后会很有潜力。

评委:我认为是的。

记者:谢谢评委老师,我会把您的鼓励带给她。谢谢您。

四、课堂进场和退场的评价

进退场的评价内容及其标准见表 4-1(供参考):

表 4-1 进退场的评价内容及其标准

评价内容	权重	评价标准				
		优	良	中	及格	差
进退场仪态自信、举止大方	0.40					
进退场的语言是否清晰	0.30					
退场是否清理场地	0.30					
您还有什么意见和建议?		得分(百分制):				

说明:其中优为 90—100 分;良为 80—89 分;中为 70—79 分;及格为 60—69 分;差为 60 分以下。不打小数分。

> 课后练习

1. 每天练习进场和退场 1—2 次,坚持一个星期。
2. 请你设计考教师资格证面试的入场词,并模拟现场练习。

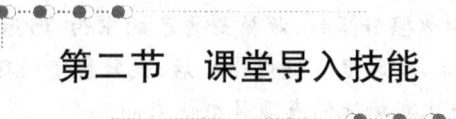

第二节 课堂导入技能

一、课堂导入及其目的

导入是课堂教学的序幕。它位于上课前的组织教学之后,是关乎教学具体内容的第一步。通过前面的组织教学,小学生的身体已经回到课堂、教材摆在课桌上,内心也意识到课堂学习开始了。此时,他们眼睛凝视着老师,对上课充满期待。

在这种的情况下,导入的目的是:

1. 激发学生学习兴趣

兴趣是最好的老师,兴趣是学生学习的直接动力。学生只有在对要学习的知识产生兴趣后,才能够产生求知的欲望,从而积极思考、主动探究、解决问题。

2. 布置学习目标和学习任务

教学目标的达成是课堂教学的核心。在上课伊始,学生对即将要学习的内容充满好奇,在这个紧要关头,通过课堂导入,让学生初步了解教学目标和接下来的学习任务,无疑会促进学生带着问题、有目的地学习。

3. 营造良好的学习氛围

心理学研究表明:良好的学习氛围能够引发学生主动学习的情感,起到提升学习效率的作用。设计合理、表达得当的引入,可以营造轻松和谐的学习环境,使学生产生良好的情感,从而促进整个教学活动的顺利进行。

二、课堂导入的原则

为了达到导入的目的,设计课堂导入时,需要考虑以下原则:

1. 目的性

课堂教学是一项有目的的活动。课堂导入首先要指向教学目标,以帮助学生初步明白将要"学习什么""为什么学"或者是"怎么学",做到有的放矢。

例如，在学习"空气占据空间"时，本课教学的知识目标是"空气像水、沙子一样可以占据空间"。在确定了教学目标后，教师在设计导入时，需要紧紧围绕"空气像水、沙子一样可以占据空间"做文章。实际上课中，很多教师都会采用类比的方法，即先让学生看到水可以占据空间，沙子也可以占据空间，然后再过渡到空气也占据空间。后面的教学就可以一直围绕着导入进行，目的性明显。

2. 趣味性

要引起学生的学习兴趣，导入最好具有趣味性。对于小学生来说，有趣的场景、材料和讲述方法等，都可以吸引他们的注意力、激发大脑皮层的兴奋度，从而主动地思考和探究新知识。

例如，在学习"空气占据空间"时，有个教师设计了一个对比游戏：让一个大力士男生和一个瘦弱的女生比赛吹放在瓶子里的气球。（给女生吹的气球是套在一个被扎了很多孔的矿泉水瓶子里面的，而给男生吹的气球是套在一个没有孔的、封闭的矿泉水瓶子里面的。事先学生们不知道这个差别。）大家都猜男生会吹得更快、更大。但是现场比赛结果却是女生赢了，男生费了九牛二虎之力，还是没有能够吹鼓气球。这个导入的场景就比较有趣，而且结果出人意料。"是什么原因导致这样的结果呢？"学生马上就产生了这样的疑问，学习兴趣陡增。

3. 启发性

导入的趣味性可能引起学生短暂的兴趣，而要学生将兴趣转化成持久的学习动机，对思维的启发才是关键。孔子曰："不愤不启，不悱不发，举一隅不以三隅反，则不复也。"导入的启发性就是要开启学生主动思考的意识，引导他们打开思路，寻找方法，沿着科学的轨道前行。

例如，在前面目的性的例子中，很多教师会先拿出一个装满沙子的杯子，说沙子占据了杯子的内部空间，然后要求学生把另一个瓶子里的水装入原来装沙子的杯子的内空。学生会把沙子先倒出来，然后再倒水进去。这时候教师提出一个问题：在沙子倒出来后，水倒进去之前，杯子的内空处在什么状态呢？学生会马上回答"空气"。教师接着问学生："我说沙子和水占据杯子的内空，你们看到了，是不是？可是你们说空气这会儿占据着杯子的内空，我没有看到啊。你们看到了？"学生一下子就被问住了。教师接着指明思考的方向："你们能够想办法让我看到或者感受到空气是可以占据某个空间的吗？"经此一问，学生就有了探究的方向和具体的思考点，思路便沿着这条道路展开。

4. 科学性

科学性是小学科学教学最核心的教学原则，它贯穿教学的始终。如果在导入的时候，就出现科学性问题，必然导致整个教学活动的展开偏离科学的轨道，给教学造成不良影响,使教师本身的形象也大打折扣。

例如,有教师在讲述"食物链和食物网"时,引入的时候采用了谜语。如下:

  教师:同学们,今天上课之前我们来猜谜语。第一个谜语的谜面是:草原上来了一群羊,打一水果名。

  学生:草莓(没)。

  教师:后来又来了一群狼,还是打一水果名。

  学生(兴奋地):杨梅(羊没)。

  教师:是呀,草原上来了一群羊,把草吃没了,所以就是草莓啊。然后又来了一群狼,把羊吃没了,就是杨梅啊。同学们真聪明。在这个谜语里说明了羊吃什么?

  学生:草。

  教师:狼吃什么?

  学生:羊。

  教师:草被羊吃,羊又被狼吃。(板书)今天我们就来学习食物链。

这个引入初看很有趣,仔细思考就会发现有科学性问题。羊吃草、狼吃羊都没有错,但是羊能够把草吃完吗?狼能够把羊吃完吗?都不能。在"食物链和食物网"之后就是"生态平衡",此处的引入违背自然界的"生态平衡",不符合现实。

5. 简明性

导入几乎是课堂教学必有的环节,它只是引子,不是教学的重点。为了能给后面主要的教学内容腾出时间,导入要简洁明了,不要有太多的修饰和渲染,要点到为止,切忌喧宾夺主。一般来说,15分钟之内的微型课的导入不宜超过3分钟,40分钟的课堂导入不宜超过8分钟。

例如,在"空气占据空间"的导入时,有的教师会讲语文课中"乌鸦喝水"的故事。为了把这个故事讲得充满吸引力,她声情并茂、连带表演地讲述了这个故事的全貌:

  教师:从前有一只乌鸦口渴了,到处找水喝(伴随动作)。可是她所在的地方是一片干涸之地,没有河流也没有池塘,连个小水洼也没有。她一边飞一边找,一边找一边飞,咦,前面好像有个水瓶(伴随动作)。她落下一看,太好了,水瓶里有小半瓶水(伴随表情)。她马上用嘴(她的喙)去喝水(伴随动作)。同学们,她喝到水了吗?

  学生:没有!

教师：为什么啊？（伴随表情）

学生：因为瓶子口很小，乌鸦的嘴进不去，瓶子里水又少，她够不着，所以喝不到瓶子里的水。

教师：那怎么办呢？你们能不能想个办法帮助她？

学生：把小石子丢进去/抱起来喝/把瓶子砸了……

教师：这位同学的方法比较好，就是把小石子丢进去。你来说说，把小石子丢进去后为什么能够喝到水？

学生1：因为小石子重，沉到瓶子底下去了，水就上来了。

教师：你的意思是，小石子沉到瓶子底下，占据了原来水的空间，水就被挤上来了。

教师把故事讲完，然后提出相关的问题，最后得出所要的结论：小石子沉到瓶子底下，占据了原来水的空间，水就被挤上来了。时间已经不知不觉地过去了十多分钟。而这个导入还只是完成了"小石头占据了水的空间"部分，距离"空气占据空间"还有一部分没有完成。

三、课堂导入的方法

根据导入材料与后续学习之间的密切程度，课堂导入可以分：

1. 直接导入法

直接导入就是开门见山，直奔主题，中间没有太多悬念和波折。直接导入可以采取谜语、提问等形式进行。例如，在小学低年级，开始学习空气时，教师就可以采用谜语导入：

教师："小朋友们，在我们的周围，有一种东西，它看不见、摸不着、无色无味道，我们时时刻刻离不了。你们猜猜它是谁？"

学生："空气。"（以现在学生的已有知识水平，他们很快就会回答，几乎不会出现其他答案。）

教师："这节课，我们就来认识认识空气。"

这种导入的方法，简洁明了，能一下子抓住学生的有意注意，给学生一个明确的学习目标，因而学生能够很快进入学习状态，既节省了时间，又达到了导入的目的。这样的方法比较适合于在学习一个全新的科学知识内容时采用。

2. 复习导入法

当教学需要用到以前学习过的知识或者技能的时候，采用复习导入法既能够为新的学习做铺垫,也能够让学生感受到新知识是旧知识的引申、拓展和应用,使学习从已知到未知、从浅到深的方向发展。

例如,在学习"电磁铁"时,要用到前面学习的关于磁铁的性质。我们可以采用复习导入:

教师:同学们,前面我们学习了磁铁,磁铁有哪些性质?
学生:磁铁可以吸引铁钉;磁铁分南北两极,同极相斥、异极相吸。
教师:老师手里有一个东西(用黑色布包裹着),如果它也可以吸起铁钉,并且和磁铁可以相斥、相吸,我们是不是就可以说它是磁铁呢?
学生:可以。
教师演示了手中的东西吸铁钉和磁铁的相斥相吸现象。然后打开包裹,展现出绕着线圈的铁钉。学生哗然。
教师:根据你们的推理,我手中的这个也是磁铁,但是它不是我们平常看到的磁铁,它是什么磁铁呢?我们今天来学习这种新的磁铁。

3. 情境导入法

杜威说:"为激发学生的思维,必须有一个实际的情景作为思维的开始阶段。"在科学课教学中,情境导入很受教师重视。在教学开始,教师创设一个与学生学习或生活相关的情境,把学生的思想情感带入其中,使学生身临其境,能够很好地吸引学生进入角色学习。情境导入采用的形式多种多样,其中讲故事、做游戏、做实验等形式最常见。

(1) 故事导入

故事导入是教师最喜欢的导入方法之一。尤其对于语言能力比较强的教师,可以把故事讲得风生水起、悬念叠生,极具趣味性和启发性。但是,讲故事也容易信马由缰,偏离主题。因此一定要注意将故事的重点放在科学问题上来,不能离题万里。

例如,用"乌鸦喝水"的故事做"空气占据空间"的导入时,不能像前面的教师那样只注意故事的情节性,而应该突出故事中"水开始是占据着瓶子下部的空间,小石头进去后,石头占据了水原来占据的空间,所以水就被挤到了瓶子顶部"。对上面的这个导入稍加修改,就能够达到科学教学的效果。

教师:同学们,大家学过"乌鸦喝水"的故事吧?
学生(众):学过。
教师:这位同学你来说说,乌鸦是怎么喝到瓶子里的水的?

学生1:她把小石子丢进瓶子里就喝到水了。

教师:你的意思是,乌鸦把小石子丢进瓶子,小石子沉到瓶子底下,占据了原来水的空间,水就被挤上来了,所以乌鸦就喝到水了。是不是?

学生1:是。

教师:所以小石子占据了瓶子里原来水的空间,那空气又去占据了瓶子里谁的空间呢?

学生:空气。

教师:所以你们认为:空气像小石子和水一样都能够占据空间。

(板书:空气占据空间)

(2) 游戏导入

游戏也是小学生喜闻乐见的一种导入形式。采用游戏的方法创设情境,可以很快吸引学生的注意力,激发探究的兴趣。例如,前面"空气占据空间"的导入就有教师采用男女同学比赛的游戏。

教师:在正式上课之前,我们先进行一个游戏——吹气球比赛。

(随机选择一名学生把两个气球吹到一定程度,证明这两个气球是一样的。全班推选出力气最大的男生,再随机找一名女生,两人准备比赛。)

教师:在游戏之前,请大家猜一猜,到底谁会赢呢?

学生:男生。

(把两个气球分别放进两个可乐瓶中,男生用没有扎小孔的可乐瓶,女生用扎有小孔的可乐瓶。两人同时吹气球,结果女生胜利。)

教师:咱们班的大力士今天怎么这么不给力呢?

(让学生观察可乐瓶,学生发现差异,并猜测原因。)

教师:这就是我们今天要研究的主题——空气是否占据空间。[①]

在设计游戏导入时,有两点十分重要:一是游戏要科学,二是游戏要有趣。科学性比趣味性更重要,因为游戏的趣味性是为了激发学生探究科学的热情,是为后面的科学学习服务的。例如,在"月相"的教学中,有教师采用以下游戏引入:

---

① 节选自张素先,《魅力科学课》,西南师范大学出版社,2015年9月第1版,P110-111。

教师：在上课之前，我们来玩一个游戏。我在教室前面画了一个圈，请一个同学站在圈的中间，请另一个同学拿着一半涂成黑色、一半涂成白色的球绕着中间同学转，请注意：转的同学一定要把球白色的那一半一直对着黑板。

两位学生按照要求完成了游戏。

教师：刚才这个游戏说明的是月球绕着地球转的情况。中间的同学代表地球，绕着地球转的同学手中的球代表月球，黑板的方向就是太阳的方向，所以代表月球被照亮的白色的部分一直对着太阳。现在请大家猜猜站在中间的地球看到月球白色部分的形状会不会变化？

学生：会／不会。

教师：今天我们就来学习"月相"。

这个模拟游戏，学生玩起来比较积极，但是在科学性上却出现了问题：根据教科版六年级下"宇宙"单元的学习顺序，"月球绕地球转"是在月相之前就已经完成（也是为了给月相的学习做基础），月球绕地球转的模式是同步自转，即月球自转和绕地球公转的周期相同，导致月球几乎是同一面面对地球在转。也就是说，站在地球上，我们永远只能看到月球的一个面，所以我们说月球有正面和背面之分。然后再仔细分析一下上面的游戏，白色一面的月球始终对着太阳（黑板）而不是地球（中间的同学），这显然是不科学的。实际上，如果把月球白色部分代表被太阳照亮的一半，这个白色部分是动态的，即站在月球上是有昼夜之分的。游戏中的白色部分是固定的，如果学生深入思考，就会得出"站在月球上的白色部分上的某点，永远是白天，站在月球黑色部分的某点，永远是黑夜"的结论。这一结论与现实不符。所以，对于游戏的科学性应当要仔细推敲，不能大意。

（3）实验导入

科学离不开实验。科学课上采用实验导入十分普遍。在实验导入的时候，教师一般都要求学生仔细观察，发现细节，积极思考。例如，某教师在讲"磁铁的性质"时，采用以下实验导入：

教师手里拿着一个装满水的一次性杯子，杯子里有一颗回形针。

教师：有谁能够想出一个办法，不碰到水就能够把回形针拿出来？

学生：用磁铁。

教师让某个学生用磁铁把回形针拿了出来。

教师：这个磁铁真神奇。今天，我们就来研究研究这个神奇的磁铁。

注:在很多教材中都有问题导入方法,本书之所以不将问题作为一种导入方法,主要是因为在所有形式的导入中,都需要有问题。而且对于科学课堂教学来说,提出所要探讨的问题是科学探究的第一个环节,不可或缺。没有了问题,科学课就无法进行。

四、课堂导入的评价

在教学设计的时候,教师本人可以先考虑以下问题:
(1) 选择的导入方法能否准确地指向课题内容和目标?
(2) 选择的导入方法能否激发学生的学习兴趣?
(3) 导入的预设时间是多久?能否在规定的时间内完成?
(4) 导入本身是否恰当?有无科学性错误?
(5) 导入的表达是否清晰,是否产生歧义?

根据以上问题,导入技能的评价内容及其标准如表4-2(供参考):

表4-2 导入技能的评价内容及其标准

评价内容	权重	评价标准				
		优	良	中	及格	差
导入的目的明确	0.20					
导入的方法与新知识联系紧密	0.30					
能引起学生的兴趣,集中其注意力	0.20					
感情充沛,语言清晰	0.15					
能调动学生积极性,促进思维	0.15					
您还有什么意见和建议?				得分(百分制):_____			

说明:其中优为90—100分;良为80—89分;中为70—79分;及格为60—69分;差为60分以下。不打小数分。

> 课后练习

1. 在设计课堂导入时,应该思考哪些问题?
2. 选一节课,进行导入设计。参考格式如下:

本课来自某某版本《科学》教材第几册第几单元第几课。课题名称为某某内容。

本课主要采用什么方法:

具体的设计如下:

第三节 衔接(过渡)技能

一、衔接(过渡)技能

课堂教学是由多组教学活动组成的,做好活动之间的衔接与过渡,反映了教师对课堂的把握能力。好的衔接或过渡,能使整个教学顺畅自如,上下一致,学生能够在不知不觉中将知识内容串联起来,起到承上启下、继往开来的作用。

二、衔接(过渡)技能的原则

衔接(过渡)是教学过程中比较小的环节,一般遵循以下原则:

(1) 自然流畅。衔接(过渡)是将上下两大教学活动缝合成一体的环节,就像服装的拼接处,必须要做到自然流畅,才能浑然一体。

(2) 逻辑扣题。衔接(过渡)的设计要仔细分析上下教学活动的主旨,衔接(过渡)的内容要紧扣上下文,有逻辑而不偏离主题。

(3) 简短占时少。衔接(过渡)只是教学活动的辅助部分,其对于整个教学内容的影响小,因此只能占用课堂很少的时间。这就要求设计衔接(过渡)时,严格控制时间,一般 40 分钟的课堂,每次衔接过渡的时间不能多于 2 分钟。微型课的时间更是要控制在 1 分钟之内,能够用 3—4 句话完成的,绝不讲 5—6 句话。

三、衔接(过渡)技能的方法

1. 承上启下法

承上启下是最常用而保险的一种衔接(过渡)方法。一般的程序是先简要总结,回顾一下上一环节的主要内容,然后找到某一个开启下一个环节的点,从而完成过渡。例如,在上"认识天气"这一节,第一个教学活动是"知道用气温、降水量、晴天、阴天、雨天等概念描述天气现象",第二个教学活动是"知道可以用天气符号表示天气概念并认识常见的天气符号"。一位教师采用承上启下法过渡。

  教师:通过刚才我们看的天气预报视频,我们知道对于天气情况,可以用气温、降水量、晴天、大雨、小雨等概念描述。我们在观看视频的时候,同时还发现:当播音员说"长沙晴"的时候,屏幕上并没有出现"晴"这个字,而是出现了一个太阳的图案,像这样的图案我们叫它"天气符号"。接下来,我们就来认识一些常见的天气符号,看看它们是怎样直观地表示天气情况的。

2. 顺水推舟法

很多教师在科学探究之前喜欢采用头脑风暴法打开学生思维。例如,在上"降落伞"这一节时,教师先介绍了降落伞的结构,接下来想对降落伞进行深入探究。

  教师:(让降落伞从高处往下落)看到降落伞缓缓降落,你们觉得它下降的速度和什么有关呢?
  学生:伞面的大小/绳子的长短/物体的重量……
  教师:好。我们接下来就分组研究"伞面的大小/绳子的长短/物体的重量和降落伞速度的关系"。

这种顺水推舟法,一般在学生能够很快说出接下来研究的内容时方可采用。如果学生根本就不会想到并说出接下来研究的内容,就无舟可推。

3. 创造情景法

例如,在研究磁铁的性质时,教师的第一个活动是"磁铁有磁性,能够吸引铁",第二个活动是"磁铁的磁性在两极最大,中间最小"。教师可以采用创造情景的方法过渡。

  教师:刚才我们学习了"磁铁有磁性,能够吸引铁",这里现在有很多小钉子,我想知道它们是不是铁做的,怎么办?
  学生:用磁铁吸。

教师:(横着拿磁铁去吸小钉子,然后举起。)这说明:这些小钉子是?

学生:铁做的。

教师:很奇怪啊,你们看到了什么异常的情况没有?

学生:中间没有吸住铁钉/两边的比中间的吸得多

教师:我也发现磁铁两边比中间吸引的铁钉多。这说明什么呢?

学生:磁铁两边的磁性比中间大。

教师:"磁铁两边的磁性比中间大",这是真的吗?我们需要……

(教师在此停顿,不往下说)

学生:多次做实验来证明。

教师:好,我们就来研究"磁铁磁性的分布"。

四、衔接(过渡)技能的评价

在教学设计的时候,教师本人可以先考虑以下问题:

(1)选择的衔接(过渡)方法能否准确地指向下一个活动?

(2)选择的衔接(过渡)方法能否激发学生的学习兴趣?

(3)衔接(过渡)的预设时间是多久?能否在规定的时间内完成?

(4)衔接(过渡)的内容本身是否恰当?有无科学性错误?

(5)衔接(过渡)的表达是否自然流畅?

根据以上问题,衔接(过渡)技能的评价内容及其标准如表4-3(供参考):

表4-3 衔接(过渡)技能的评价内容及其标准

评价内容	权重	评价标准				
		优	良	中	及格	差
衔接(过渡)的目的明确	0.20					
衔接(过渡)的内容与上下知识联系紧密	0.50					
衔接(过渡)语言自然	0.30					
您还有什么意见和建议?				得分(百分制):		

说明:其中优为90—100分;良为80—89分;中为70—79分;及格为60—69分;差为60分以下。不打小数分。

> 课后练习

1. 简述衔接(过渡)技能的原则。
2. 请就"食物链"到"食物网"设计一个过渡环节。

第四节　提问技能

一、提问的作用

提问是课堂教学过程中,教师根据教学需要,向学生提出问题的一种教学方式。课堂教学过程中,师生之间进行信息双向交流的途径很多,提问是其中用得较多且有效的行为方式。教学成功的重要因素是课堂教学中教师和学生、学生和学生之间的交流是否成功,而提问正是构成课堂教学中语言交流的必要组成部分。可以说教师教学的效果在很大程度上受制于提问的效果。提问技能对实现课堂教学目标有着特殊的重要作用,是实现有效教学的重要方式,贯穿整个教学过程,是维系教学活动的纽带。爱因斯坦说过:"提一个问题往往比解决一个问题更重要。"提问技能是课堂诸项教学技能中的重点,既渗透于各项教学基本技能的运用之中,又统领各项教学基本技能共同实现教学目标。提问运用于课堂教学的整个过程,是联系师生的思维活动的重要纽带和开启学生智慧之门的钥匙,具体地说,提问具有以下作用:

1. 激发学生的学习情趣,引起学生注意

提问能激发学生的学习情趣。实践证明,课堂上教师提出问题时,能够引起学生注意力的高度集中,可以将学生的注意力集中到某一特殊的专题或概念上,从而产生解决问题的自觉意向,能引起学生的学习兴趣,调动学生的学习积极性。为此,教师应针对学生思维特点有计划地提出具有一定启发性的问题,以使学生的注意力迅速集中到某个特定的事物、现象、专题或概念上,主动地解决问题。经验表明,在提问过程中,学生的兴奋点一般都能集中在教师提出的问题上,通过提问和探究问题的答案,不仅仅使学生对所学知识产生直接兴趣,同时还伴随着一种积极的情绪状态。这种情绪状态鼓舞学生主动而愉快地学习。久而久之,就会激发学生对这门学科的全面兴趣和长久动机。

2. 调动学生思考的积极性,发展学生思维

思维从疑问开始,提问可调动学生思维的积极性。课堂提问的内容和方式对学生的思维能力和思维方法具有重大影响。恰当的提问对于激发学生思考问题,培养学生的语言表达能力和思维能力也有一定的作用。教师通过课堂提问给学生"制造问题",引起学生心智紧张,将其带入"愤""悱"的心理状态,从而促使学生思维品质的发展。首先,提问可以引导学生抓住事物的本质和内在联系,从多角度、多方面分析问题,甚至能预见事物发展的进程,有助于培养学生思维的广阔性和深刻性;其次,提问可以培养学生独立思考、独立发现问题和解决问题的能力,并能评价和批判自己和别人的见解,使思维的独立性和批判性得到锻炼;再次,提问可以促使学生的推理更符合逻辑规则,并使学生善于把分散的、个别的问题进行概括,得出一般性和概括性结论,提高概括能力和触类旁通、举一反三的能力,发展思维的逻辑性和概括性;最后,提问可以促使学生灵活运用已学过的知识,解决新的问题,并善于迅速而准确地看出事物的实质,抓住问题的关键,提出解决问题的途径和方法,发展思维的灵活性和敏捷性。

3. 加强师生间的感情沟通,促进师生交流

提问是课堂中的一种召唤、动员行为,是集体学习中引起互动活动的聚合力量。首先,提问能促进师生间的信息交流。课堂教学活动是一种认识活动,它是在教师精心设计、严密组织和具体指导下,促使学生获取知识、掌握技能、提高思想认识的特殊的认识活动,是师生之间的双边活动。提问正是有效解决师生交流的重要方式之一。教师对学生回答的反应,如肯定、表扬、鼓励、订正、补充和再启发,不仅促进了师生之间的信息交流、知识交流和思维交流,更重要的是促进了师生之间的情感交流。师生之间的相互了解、相互信任和相互喜爱往往由课堂交流产生,特别是学生对任课教师的喜爱和敬佩,甚至可以转化为对该学科的学习兴趣,可能引发出长久的学习动机。其次,提问可以促进学生之间的交流。提问为学生创造了发表看法的机会,使学生参与了教学过程,同时加强了学生与班级的其他成员的沟通与互动,学生在课堂上聆听到其他同学对问题的回答,并适当开展讨论,有利于加强同学之间的相互沟通。

二、提问的原则

提问是教师提出问题,然后通过师生之间的相互交流,培养学生学习的行为方式。提问的时机、提问的方式和角度、提问的数量和质量等都直接影响提问的效果。因此在设计提问时,要遵循以下原则:

1. 提问要有总体设计,问题之间要有主有次、逻辑清晰

提问是贯穿教学活动的纽带,课堂提问的设计要有总体规划,要围绕教学目标、针对重点难点,设计关键性问题和辅助性问题,使问题环环紧扣,层层推进。切忌问题之间没有联系,东问一句、西问一句,影响教学的有序进行。

2. 提问的方式和方法可多种多样

课堂提问的方法通常有设问、疑问、追问和互问等。教师在设计问题时,可以交叉使用,切忌从头到尾采用一种形式的提问。例如,有些教师总是喜欢问"是不是?"有些教师总是喜欢问"为什么?"这样会显得呆板无趣,千篇一律,无法激起学生的兴趣。另外,提问表述也忌呆板平淡。同样的问题,表述平淡,效果就差;表述幽默新奇,效果就好。

3. 提问要面向全体学生,难易适中

提问要面向全体学生就是要满足学生的不同需求和认知水平,既要照顾学生的大多数,又要照顾学生的个别差异。因此,要设计针对全班同学的提问,也要设计针对不同层次学生的个别提问。另外,提问要设计得有一定思维梯度,不要过易或过难。太简单的问题,难以引起学生的兴趣;太深奥的问题,又会使大部分学生陷入困境。只有能引起学生积极思考,而且经过思考可以得出结论或部分结论的问题,才是有效的问题。

4. 提问要有启发性或思考性

问题的启发性或思考性是问题的灵魂所在。只有启发性强的问题才能抓住学生的兴趣点、引发学生思维。

5. 提问要明确具体,不能笼统或含糊不清

很多时候,学生对问题难以回答并非不理解问题,而是因为教师对问题的表述有歧义或者是不准确,导致学生抓不住问题的实质而无从回答。

6. 教学中老师不仅要善于提问,还要善于启发学生自己提出问题

朱熹说:"读书无疑者,须教有疑,有疑者须教无疑,方是长进。"爱因斯坦说:"提出一个问题往往比解决一个问题更重要,因为解决问题也许仅是一个数学上或实验上的技能而已,而提出新的问题、新的可能性、从新的角度去看旧的问题,却需要创造性的想象力,而且标志着科学的真正进步。"所以教学中,教师要善于引导和鼓励学生提出自己的问题,只有学生自己产生疑问,才能打破头脑中的平静,激起思维活动的波澜,学习才不会浅尝辄止,满足于一知半解。

三、提问技能训练

课堂提问是课堂上师生交流思想的最主要方式，提问技能的形成需要教师通过不断学习和积累。从教师的角度来说，课堂提问可以分为：设计问题、引入问题、陈述问题、倾听回答和评价回答五个阶段。我们可以从这五个阶段进行提问技能训练。

1. 设计问题技能

设计问题是课堂提问的准备阶段。设计问题主要包括：提出什么问题、以什么方式提出问题、提出多少问题、什么时候提出问题等。

提什么问题包括提问的落点、提问的层次、提问的难易等。首先，提问的目的要为实现教学目标、完成教学内容服务，因此，提问应放在教学的重点、难点、疑点和兴趣点等处。其次，要考虑提什么类型的问题。一般来说，可以针对概念、现象、分析、应用等进行提问。概念和现象等属于记忆性的知识，层次偏低，其答案在课本或通过观察基本可以找到，而综合、理解、分析、应用等问题则属于高层次的问题，学生必须通过思考推理才能回答。课堂上设计问题既要有检查学生对知识掌握情况的记忆性的低层次问题，也要有运用知识进行综合、理解、分析、应用等高层次的问题，也就是说要设计各种层次的问题以全面检查学生对教学内容的掌握情况。再次，要考虑问题的难易度。设计问题要深浅有度。过于简单的问题无法使学生产生探索问题、寻求答案的内心需求；问题过于深奥，会使学生感到高不可攀、望而生畏，挫伤学生思考的积极性。那些既需要经过深思熟虑，而又力所能及的提问能较好地激发学生的求知欲，吸引学生的注意力，使其体会到智力角逐的乐趣。因此，课堂提出的问题要尽量减少不需要思考就能回答的问题，特别是对于"是不是""对不对"之类的提问，尽量少问。另外，提问要由小到大，由简到繁，由易到难，问题之间应有内在联系和因果关系，层层递进，步步深入，环环相扣。对于太大或太难的问题，应该设计一些小步子的铺垫性问题，起到搭"桥"铺"路"的作用，帮助学生"起跳"，化难为易。总之，提问的设计要与学生的实际相符合，以满足各层次的学生都有正确回答问题的机会。要将问题设计在学生的"最近发展区"里，以启迪学生思维，尤其是发展学生的求异思维。

以什么方式提出问题即提问的形式和角度。提问应该多形式和多角度，如，对于重难点问题，可以通过多角度或多形式提问，帮助学生消化理解；也可以从同一角度连续提出几个相似的问题，引导学生殊途同归，实现知识迁移。

提问在什么时候、什么情况下进行，以及提问的多少、间隔时间的长短等都直接影响课堂教学效果。一节课的提问布局要张弛得体，疏密有致，节奏起伏合理,切忌满堂皆问。

2. 引入问题技能

引入问题是在提问之前通过必要的语言手势等方式吸引学生的注意力,使学生做好接受问题和回答问题的思想准备。比如,教师先说:"让我们来思考这样一个问题。"或"同学们,下面这个问题有点儿难度,请大家听仔细。"然后停顿三秒钟左右,接着提出具体问题。

3. 陈述问题技能

陈述问题是指教师用语言提出问题及做必要的提问说明的活动。教师陈述问题必须题意明确,表述清晰。对于需要一定附加条件的问题,或需要一定的铺垫、引导的问题,陈述的科学性将直接影响学生回答问题的质量。例如,"定滑轮和动滑轮有什么异同?请同学们先考虑相同点,然后考虑不同点。"问题的前半句是要学生回答的,后半句是对问题的附加条件。

4. 倾听、对话技能

在学生回答问题时,教师要认真听取每一位学生的回答,不要随意打断学生的回答。通过认真倾听,教师才能显示对学生回答的重视;也只有通过认真倾听,教师才可能对学生的回答给予准确的评价反馈。教师在认真倾听时,如果学生的回答出现停顿,可以适当地加以引导。如果学生在回答中出现思维堵塞或偏离时,教师需要适时介入:对学生不理解的问题要进行解释,如用相同或相近的词句重复问题,或者再次明确问题的性质与要求;对学生感到困难的地方要适当提示,如提供参考的思路,或提示解答问题的某种线索等;对回答不完整的地方要引导学生进一步完善答案,如提示还需要进一步从哪方面补充;对错误的回答也要问理由并根据情况及时给予纠正,如,询问回答的依据,从中找出错误所在并给予纠正。

5. 评价回答技能

评价学生对问题的回答是课堂提问的必不可少的环节,是教师认真对待学生的表现。评价回答要恰当、及时。简单的对错评价方式一般不可取。对于学生回答完全正确的,教师要给予肯定,并最好是针对他的回答给予具体的表扬。如,"某某同学刚才的回答非常准确完整,还很简洁。关于定滑轮和动滑轮之间的区别,他是这样说的:定滑轮不省力,但是可以改变物体运动的方向,动滑轮省力但是不能改变物体运动的方向。"对于部分回答正确的,教师要肯定正确的部分,否定不正确的部分,并同时鼓励或引导其向正确的思维方向努力。如,"某某同学刚才的回答声音很响亮。关于定滑轮和动滑轮之间的区别,他是这样说的:定滑轮没有动滑轮省力。是的,定滑轮不省力,动滑轮省力。但是定滑轮就没有优点了吗?(学生:有。)你再站起来说说,定滑轮的优点是什么?(某某同学:可以改变物体运动的方向。)对,定滑轮可以改变物体运动的方向而动滑轮不能。某某同学在大家的提示下找到了问题的完整答案,希望下次不需要同学们提示也能够回答全面。"对于完全回答错误的,教师不能打击和讽刺,也不能肯定其答案,教师要么不对其进行评价,要么找到其进步的地方,鼓励学生进步。

总之,良好的提问可以促进师生之间、学生之间的交流,架起沟通思维和情感的桥梁;促使师生之间教学相长,能密切师生之间的思想沟通,有利于形成民主合作的课堂气氛;还可以活跃课堂气氛,使课堂中这种面对面的教学活动更生动、活泼,并富有感情色彩。

四、提问技能评价标准

提问技能的评价内容及其标准见表4-4(供参考):

表4-4 提问技能的评价内容及其标准

评价内容	权重	评价标准				
		优	良	中	及格	差
提问目的明确,表述简明、易懂	0.15					
围绕教学内容,紧扣重点、难点	0.20					
问题设计具有启发性,层次丰富	0.20					
提问角度新颖、方式多样化	0.10					
问题数量适当,难度适宜	0.10					
停顿适当,给予思考时间	0.10					
对学生回答能客观分析评价	0.15					
您还有什么意见和建议?		得分(百分制):				

说明:其中优为90—100分;良为80—89分;中为70—79分;及格为60—69分;差为60分以下。不打小数分。

> 课后练习

1. 简述提问技能的原则。
2. 上 CCTalk 观看一节科学课,找出教师的提问,并对其进行归类和评价。

第五节 课堂组织与管理技能

一、课堂组织与管理技能

课堂组织与管理是指教师为了取得良好的教学效果而组织管理学生、组织学生的注意、管理学生遵守纪律、引导学生主动学习、建立和谐的学习环境、减少不良行为而采取的各种活动和措施。在课堂教学中,教师除了"教"的任务外,还有一个"管"的任务,也就是协调、控制课堂中各种教学因素及其关系,使之形成一个有序的整体,以保证教学活动的顺利进行。

课堂组织与管理的任务比较复杂。一般认为,课堂组织与管理包括课堂人际关系、课堂环境、课堂纪律等方面的组织与管理。课堂人际关系的组织与管理指的是对课堂中的师生关系、同伴关系的组织管理,包括建立良好的师生关系、确立群体规范、营造和谐的同伴关系等;课堂环境组织与管理是指对课堂中的教学环境的组织管理,包括物理环境的安排、社会心理环境的营造等;课堂纪律组织与管理指的是课堂行为规范、准则的制订与实施,应对学生的问题行为等活动。

课堂组织与管理涉及有效课堂环境的创设,良好课堂气氛和课堂秩序的形成,课堂不良行为的控制和处理等诸方面的问题。对于新手教师来说,课堂的组织和管理往往比其他教学技能更能够决定一节课的成败,也因此本技能成为新手老师最希望得到指导的技能。

二、课堂组织与管理的价值取向

课堂组织与管理的基本模式概括起来,可以把它们分为三种取向:行为主义取向、人本主义取向和教师效能取向。

1. 行为主义取向

这种模式的基本理念是,学生的成长和发展是由外部环境决定的,他们在课堂中所表现出来的不良行为,或是通过学习获得的,或是因为没有学会正确的行为。在课堂管理中,教师的责任是强化适宜的行为并根除不宜的行为。采用的措施有:① 清楚地讲明规则,提出自己的期望和要求,如用"上课时,我们的要求是……""我喜欢某某做法"等提示学生遵守规则;② 对遵守规则的行为给予奖励,对不遵守规则的给予适当的处罚和警示,但不要伤害学生的自尊,不要升格为训斥;③ 忽视不良行为。

2. 人本主义取向

与行为主义不同,人本主义取向的课堂管理者认为,学生有自己的决策能力,他们可以对自己的行为负主要责任。在课堂管理中,教师不应该要求学生百依百顺,而是应该关注学生的需要、情感和主动精神,向学生提供最好的机会去发掘归属感、成就感和积极的自我认同,以此来营造一种积极的课堂环境;出现问题行为时,教师应更多地运用沟通技能,引导学生分析问题的性质和后果,自己把问题解决。

3. 教师效能取向

与行为主义和人本主义取向的课堂管理观不同,教师效能取向的课堂管理模式关注的是教师课堂管理技能的提高。持这一取向的研究者认为,课堂管理主要取决于教师的管理技能,通过培训提高教师的课堂管理技能可以达到改善课堂管理质量的效果。

总的来说,在课堂组织与管理的过程中,教师要把教学目标中提出的对学生的期待转变为课堂活动的程序和常规,并将一部分程序和常规制订为课堂规则,以便指导学生的行为,促使学生积极主动地学习。

三、课堂组织与管理的类型

根据课堂进行的程序,课堂的组织与管理可以分成课前、课中和结课的组织与管理。

1. 课前的组织与管理

正式上课之前,适当的组织工作,对课堂教学的顺利进行影响很大,一般可以采用以下策略:① 正式上课之前,督促并检查学生的课前准备工作;② 上课铃响后,稳步地走上讲台,用目光环视全体学生,等学生都坐好安静后叫"上课"。很多新手教师平时在课间、课下和学生们关系很密切,但一定要注意上课和下课的区别。临上课之前,老师宜严肃,旨在提醒学生要上课了,上课必须遵守纪律。

2. 课中的组织与管理

新手教师的课堂教学效果很大程度上取决于课堂秩序的好坏。课中的组织与管理必须注意以下几个方面：

（1）对学生的课堂行为设置合理的限制。很多情况下,学生课堂的不良行为,是教师没有把要求表述清楚所致。新教师很容易想当然地认为,学生应当具备自我管理和自我控制能力,能够判断出哪些是在课堂上可以的行为,哪些是不可以的行为,但事实并非如此。因此,教师需要事先将课堂纪律或规矩告知,并间隔提醒,持之以恒才能让学生形成良好的自我管理和控制能力。

（2）掌握好课堂教学的节奏。一节课堂教学中,快慢适度、收放自如的节奏,不仅可以表现出教师良好的心理素质和教学能力,同时还能有效地控制学生注意力,维持学生纪律。把握好课堂教学的进度,要防止3种倾向：一是速度过快,学生难以跟上；二是速度过慢,使学生分散注意力或无精打采；三是教学过程太过平淡,没有主次轻重和难易之分,节奏没有起伏,没有张弛,容易引起学生疲倦。

（3）调控好学生的注意力。正常的课堂,教学秩序受多方面因素的影响,学生的注意力是其中极为重要的因素,教学过程中,教师要有目的有计划地对课堂教学加以组织,让学生的注意力高度集中。调控学生注意力的方法通常有以下几种：

一是语言调控。语言调控是指教师通过变化讲课的语音、语气、语调、语速等来调控学生注意力的方法。根据学生听课的情况,适当提高或降低音量,加快或减缓语速,改变语气或语调等,都可以起及时提醒或暗示学生的作用,从而达到调控学生注意力的目的。

二是对话调控。对话调控也叫提问调控,是指课堂教学中,教师通过提问的方式调控学生注意力,教师提问后,每个学生都有回答问题的可能。在老师要求学生回答之前的等待中,就是学生集中注意力进行思考的时机。

三是目光、表情及行动调控。这些都属于教学体态的调控。教师通过目光,可以提醒上课分心的学生,给予提醒或警醒的作用。教师还可以通过目光,对回答问题的学生给予鼓励、期待。另外,教师还可以通过面部表情、身体的移动等方式调控课堂秩序。四是活动调控。活动调控是指通过变换课堂教学的活动方式来调控学生注意力的方法。教师可以根据课堂教学的需要适当地变换活动的方式,如在学生出现疲劳时,采取学生讨论、提问、学生交流汇报等活动方式,以转变学生的注意力,再次激发学生的兴趣。

3. 结课的组织与管理

单位教学时间内课堂教学活动结束后,教师可以对学生听课的情况进行简要的总结,并宣布下课。结课的组织虽然简单,但是如果没有,则教学环节不完整,更重要的是容易给学生留下此教师很随意的印象,从而影响以后的组织教学。

四、课堂组织与管理的方法

课堂组织与管理的方法可以分为预防性的和干涉性的两种。预防性课堂组织与管理是为防止、减少课堂问题行为发生而采取的行为措施,而干涉性组织与管理是指在预防性课堂组织与管理没有获得圆满效果的情况下为应对课堂问题行为而采取的行为措施。

(一)预防性组织与管理

课堂组织与管理是一件需要长期谋划的技能,真正的组织和管理的效果取决于课前规则的制订和课中规则的执行。

1. 课堂规则的制订

课堂规则是形成良好课堂纪律的前提条件,新手教师须认真细致地制订并执行课堂规则。制订课堂规则遵循以下基本原则:

(1)课堂规则应符合四个条件,即简短、明确、合理、可行。首先,规则和常规一定要简明扼要,使学生能迅速记住。最好直接提出要求,不宜说上大堆的理由。如,"上课之前必须上缴手机。"其次,规则要明确。如"上课时要注重自己的行为",这种规则对于学生而言是不明确的,难以起到约束与指导作用。再次,规则要合理。如"上课时要把手放在桌子上面",这种规则就不合理。最后,规则应具有操作性。如"要按时完成作业"。

(2)课堂规则应通过教师与学生的充分讨论,共同制订。课堂规则不可由教师凭个人好恶独断设立,而应经过学生的讨论与认同。学生通过参与讨论,共同制订课堂规则,就会自觉遵守并乐于承担责任。

(3)课堂规则应少而精,内容表述以正向引导为主。教师要对所制订的课堂规则进行归纳、删改,避免那些不相关或不必要的规则,制订出尽量简明的、最基本的、最适宜的规则,一般以5—10条为宜。如果不够全面,也应等学生学会一些规则后再逐步增加内容。规则内容的表述坚持正面引导为主,多用积极的语言,如"希望……""建议……"等,少用或不用"不准……""严禁……"等语句。

(4)课堂规则应及时制订和不断调整。教师应抓住学期开始的机会,制订课堂规则。在开学之初就与学生共同讨论,了解学生的状况和学习方式,征求学生对课堂规则的意见,与学生共同分享教师的需求。在实施过程中要不断进行检查,并根据各方面的具体情况加以补充、修改和调整。

2. 课堂规则的执行

执行课堂管理规则的首要标准就是"公平"。在课堂问题行为形成的原因中,教师的"处理不公"是原因之一。课堂规则制订的根本目的是防范课堂问题行为的发生,如果处理不公,就会让其成为课堂问题产生的诱因。其次是"一贯"。要让课堂管理规则对学生可能发生的课堂问题行为发挥警示和约束作用,课堂管理规则的执行必须保持一贯性。这样,学生在做出问题行为之前会有所顾忌,因为在做出问题行为后一定要承担相应的后果。

(二) 干涉性组织与管理

干涉性组织与管理主要是对课堂的问题行为进行处理。处理的课堂问题行为可以分为一般性课堂问题行为和特殊性课堂问题行为。一般性课堂问题行为主要有:上课滔滔不绝地讲话、制造噪音、不专心听教师讲课、不做教师要求做的作业、无故离开座位、妨碍其他学生、上课迟到等。特殊性课堂问题行为一般为偶发性行为。处理一般性课堂问题行为的原则主要有:

(1) 最小干预原则。如,忽略小问题。对那些课堂上影响小而转瞬即逝的小问题可以忽略。如:部分学生上课走神,心思很快又回到课堂;几位同学讲两句悄悄话后又各自坐好听课。诸如此类的行为就不必处置,因为干涉行为本身可能比学生的问题行为对课堂的影响更大。

(2) 避免过激原则。教师在处理学生的问题行为时,一般不要直接用语言指出,而是可以采用非言语提示。如有学生在课堂上做小动作、讲小话、思想开小差、看与课堂教学无关的书之类的行为,可以采用停顿、目光注视或一边讲课一边移步到其跟前的办法进行纠正。如果某同学课堂上经常听课不专心,某日课堂上表现积极了,能坐下来认真听课了。这时候,老师要及时给予表扬,强化正确的行为,帮他增强克服错误行为的信心。

学习拓展

江绍伦课堂学习行为划分

加拿大教育心理学家江绍伦将学生在课堂内的行为划分为积极行为、中性行为和消极行为三种形式。

积极行为是指那些与实现教学目标相联系的行为。有效的课堂纪律管理应鼓励学生的积极行为,其强化方式有社会强化、活动强化、行为协议和替代强化四种。社会强化是运用面部表情、身体接触、语言文字等增强学生的行为;活动强化是指学生表现出具体的课堂积极行为时,允许学生参与其最喜爱的活动,或提供较好的机会与条件;行为协议是指教师和学生共同制订旨在鼓励和强化积极行为的协议,如"如果期中考试平均成绩达到80分,就可以奖励一支钢笔"等;替代强化是指教师所做的具体行为示范充当了替代强化物,学生会模仿和学习。

消极行为是指那些明显干扰课堂教学秩序的行为。教师要针对消极行为的轻重程度选择有效的制止方法,及时制止消极行为。通常采用的制止方法主要有信号暗示、使用幽默、创设情境、转移注意、消除媒介、正确批评、劝其暂离课堂、利用处罚等。

中性行为是指那些既不增进又不干扰课堂教学的学习行为,如静坐在座位上思想开小差,看言情或武侠小说,在座位上不出声地睡觉等。中性行为是积极行为和消极行为这两个极端之间不可缺少的过渡,教师应利用中性行为的中介作用,使其向积极行为转变。

课后练习

1. 简述课堂组织与管理的价值取向。
2. 制订上科学实验课的管理要求。

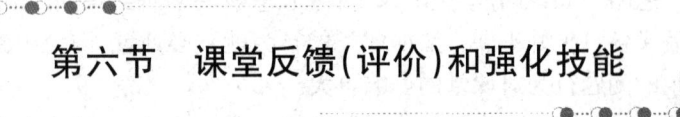

第六节 课堂反馈(评价)和强化技能

一、课堂反馈(评价)技能

(一) 课堂反馈(评价)技能的定义和环节

课堂教学是一个信息传递、接收、反馈处理的过程。课堂反馈(评价)技能是指教师在教学过程中,不断从学生中获取反馈信息,了解学生学习和教学的进度等情况,然后对学生进行反馈(或评价)以帮助学生调整与学习目标的差距、优化学习方法,保证学习向更为有序、有效的方向发展的能力。

教师课堂反馈(评价)技能包括三个环节:一是从学生学习中获得反馈信息;二是对学生的反馈信息进行筛选;三是对所选信息进行反馈或评价。

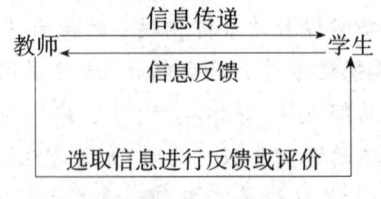

图 4-1 课堂反馈图

（二）课堂反馈（评价）信息的获取

学生学习信息的获取是进行课堂反馈（评价）的基础，在获取学生信息时需要注意以下几点：

1. 教师获取学生信息要主动

在课堂反馈（评价）中，教师占据主动性。一般情况，学生向教师反馈信息往往处于不自觉或者是被动的地位，而教师对学生学习情况的获得往往是有目的、有选择、主动且有计划的。教学反馈（评价）技能的重点在教师对学生反馈信息的处理，因此，教师要主动地获取学生学习的信息，才有处理的材料和基础。

2. 教师获取学生信息要准确

教学时，学生的反馈受到多种因素的影响，其反馈的信息可以分为假性信息和真性信息。教师在获取信息时，一定要全面、完整和准确，才能为后续处理提供真实可靠的依据。例如，很多教师在讲解完一个教学内容后，都会习惯性地问学生："你们听懂了吗？"一般的学生都会应和："听懂了！"这句"听懂了"的信息对于很多学生来说都是随口而出，是没有实质内容、经不起再三追问的无意义信息。其给教师提供的信息就是假性信息，如果教师不善于甄别，就会做出错误的决定。

（三）课堂反馈（评价）的原则

1. 及时性

心理学有一条基本规律：人的活动是由其结果所调节的。研究表明：反馈越推迟，对学生的学习效果影响越不明显。心理学家罗西和亨利曾做过一个著名实验：把一个班的学生分为三组，每天学习之后就进行测验。测验后，分别给予学生不同的反馈方式：对第一组学生，每天告知其学习结果；对第二组学生，每周告知一次学习结果；对第三组学生，只测验而不告知其学习结果。实验结果显示：第一组学生的成绩有迅速进步；第二组学生的成绩平稳上升；第三组学生的成绩变化不大。八周后，将第一组和第三组的反馈方式对调，第二组保持不变。实验又进行了八周。结果显示：第一组学生学习成绩逐渐下降；第二组成绩平稳上升；第三组成绩又突出进步。这个实验说明，知道自己的学习结果对学习有重要的促进作用，即时反馈（评价）比延时反馈（评价）的效果更好。因此，教师获得学生学习信息后，要及时对信息进行反馈（评价），才能保证反馈（评价）的效果。

2. 针对性

反馈（评价）的针对性原则要求教师针对学生所需要掌握的知识技能与任务，为其提供一些准确无误的结果方面的反馈（评价）信息；针对学生有关学习方法训练的目的及要求,为其提供各种学习策略方面的反馈(评价)信息;针对学生思维能力的训练,为其提供拓展思维空间的发散性方面的信息。教师应该针对不同学生的特点,提供不同的教学:对于一些基础差而对自己学习缺乏自信的学生,应该多提供一些具体的建议和鼓励性意见,使其建立学习的信心;对于那些学习基础扎实且自觉的学生,应该提供一些更能激发其学习潜力的学习材料和建议,使其充分发挥潜能并不断进取;对于那些学习方法较为欠缺的学生,应该更关注其学习方法的缺陷,帮助其修正学习方法并督促落实。针对个别学生的问题,应该为学生提供个性化的指导,而针对全班同学的问题,则应该为全班提供普适化的指导。

3. 具体性和可行性

受到小学生思维能力发展以及执行能力等的限制,教师提供给学生的反馈(评价)要尽量具体、可行。如果不具体,学生就没有头绪,不知道从哪里进行改进;如果不可行,学生就没有抓手,有劲使不上。例如,一次,某位学生的实验报告单出现字迹潦草、粗心大意、实验操作方法错误、概念不清、没有能够按时完成实验等诸多问题。教师在进行指导时,如果简单地反馈:"要用心做实验!"这样笼统而没有指向性的反馈对于学生来说是没有多少意义的。他会很迷惑:"为什么老师这么说我?我是在用心做实验啊?!我没有什么不对啊?"这就是教师在反馈时不够具体所致。有的教师可能还会采取另一种方法:"你看你,上课没有听。没有搞清楚我们实验的目的是什么,操作方法也是错误的。再看你的实验单,字怎么这么潦草?还粗心大意,这个字都写错了。"这样的反馈(评价)确实很具体,但是由于短时间内反馈的信息太多,学生很难抓住重点,也不知道从哪个开始改起,因而对学生来说也就不可行。教育学家爱伦在其教学指导法里建议:反馈(评价)意见一般限制在 2 条以内,应该集中在最重要或者最容易改进的方面。

二、课堂强化技能

(一) 课堂强化技能

课堂强化技能是指教师在教学中的一系列促进和增强学生学习和保持学习动力的方式。教师在教学中通过强化物促进和帮助学生掌握某一学习内容或者是把某一行为的变化朝更好的方向发展。强化是塑造行为和保持行为强度不可或缺的关键。强化对激发学生积极性、主动参与和优良行为习惯养成具有重大意义。

根据强化的方向,可以把强化分为正强化和负强化。对学生的某种行为给予肯定和奖励，使这个行为巩固、保持和加强，叫正强化。反之，对学生的某种行为给予否定和惩罚，使之不断减弱或者消退，叫负强化。根据强化的对象，可以分为对教学内容的强化和对学生学习行为和方法的强化。

（二）课堂强化技能使用原则

1. 强化要吸引学生的注意力

一堂课中会有很多教学内容，学生在学习的时候也会表现出很多行为，通过教师的强化引导，学生才能够引起警觉，从而集中注意力，把精力指向需要强化的知识和行为上来。这样才能保持学习有张有弛，学生不疲倦，以充沛的精力完成重点内容的学习。

2. 强化要及时

强化要及时。强化实验证明，事件也是一种刺激。有机体在一种行为反应后，如果得不到正强化也得不到负强化，这种行为便会自然消退。斯金纳认为，只有及时强化才能有利于某种行为的巩固和发展。强化的及时性就是教师要对需要强化的地方及时做出明确合理的强化，促进学习的认识和理解。

3. 强化要循序渐进

强化肯定有一定的目标。对于学生某个行为的塑造，必须根据学生的实际能力确定。但是在执行强化时，需要将目标分解，分阶段由易到难解决。因此，教师要设置合理的阶段性目标，逐步提升强化的刺激量和刺激程度。

4. 强化要保持一致

同样性质的强化重复多次，其强化作用会积累增强；不同性质的强化交叉出现，其强化作用会因彼此抵消而减弱。强化的一致性原则，指教师要坚持"两个一致"：一是教师对学生强化的内容、性质、标准一致；二是教师所提供的各种强化信息要前后一致，不相互矛盾。

（三）课堂强化技能使用的时机

对教学内容的强化一般出现在以下时机：① 学生表达不清楚、思维出现阻隔的时候。② 重点教学内容。③ 难点教学内容。④ 某种重要或者是特别的学习方法。

小提示：需要强化的不是偶发事件，而是正常的可以预测的事件。比如，学生在初次用到电池时，有学生会害怕，表现得哆哆嗦嗦、不敢接电线，还有的学生直接提出电池是不是有危险。此时，就需要强化：36伏以下的电池对人体没有伤害，而7号电池只有1.5伏，可以放心使用。至于电池发热，这是正常现象，发热也不至于烫伤手。

（四）课堂强化技能的方法

1. 语言强化

语言强化是教师用语言作为刺激物,如语音的变化、语速的变化、语言的幽默等形式引起学生注意,起到强化的作用。

2. 体态强化法

体态语强化就是教师运用体态语,如面部表情、眼神、手势、头势、空间距离等来强化教学行为。如有意识地走到学生身边,或者参加小组讨论和实验。

3. 活动强化法

活动强化就是教师组织学生参加活动,用学生自己的行为相互影响,达到强化目的。活动强化不仅可以强化学生个体行为,还能够强化学生集体行为。例如请学生上台汇报。

4. 标志强化法

教师运用一些醒目的符号、彩色对比等各种标志来强化教学活动的行为。这种强化能使学生获得可见的、实物的奖励,更有效地激励学生的学习热情。比如,学生实验完成后纪律恢复得好,教师在黑板上画星星鼓励。

课后练习

1. 分别简述反馈（评价）和强化技能的原则。
2. 上 CCtalk 观看一节科学课,找出:(1) 教师对学生提问的反馈或评价部分;(2) 教师对讲述内容的强调部分。参考格式如下:

教师对学生提问的反馈（评价）表

本内容来自:某某教师某某课教学实录（网络地址）				
学生提问	时间点	教师反馈（评价）	我的评价	备注

教师对讲述内容的强化表

教师讲述的内容	教师强化的方式	教师强化的具体内容	备注

第七节　处理偶发事件的技能

一、处理偶发事件的技能

课堂教学环境是由教师、学生、教学内容等共同组成的有机整体。学生是其中最为活跃的分子。学生的心理会因为教师、教学内容、学生间的互动,甚至是与教学无关的外部因素而变化,从而难免发生偶发事件。偶发事件是教学过程中,学生突然出现的与课堂教学目标无关或者是偏离教学目标方向的行为。对于这些行为,教师事先难以预测其发生时间和具体情况,因此,对偶发事件的处理能力是对教师把控课堂能力和智慧的挑战。教师对偶发事件处理得当,可以建立和加强教师在学生中的威望,让学生产生崇拜、景仰之心,从而能促使学生自主地热爱本门课程的学习。教师对偶发事件的处理如果失当,不仅使教师在学生中的形象地位受损,同时也可能导致学生逆反或不屑,从而打消对本门课程的学习热情,使教师日后的教学更为艰难。

偶发事件可以根据性质分两类情况。一类是良性的,一类是恶性的。一般小学生的课堂发生的基本是良性的偶发事件。但教师也要有发生相对比较恶性的偶发事件的思想准备,比如,学生之间因为小摩擦而产生争执,继而争吵,导致动手这样的事件,其性质就相对恶劣。一旦发生恶性偶发事件,教师应该立刻停止课堂教学,在第一时间内进行处理。良性的偶发事件,根据事件涉及的内容,又可以分为知识性的偶发事件、人际关系性的偶发事件和教学活动性的偶发事件等。这些偶发事件发生后,教师可以根据当时的情境,借助反馈、强化和评价等方法进行处理,以达到不影响教学的正常运行之目的。

二、处理偶发事件的原则

1. 尊重学生

偶发事件的出现,往往超出教师的预料,或多或少会打乱教学秩序、影响教学进程,从而影响教师的情绪。尤其是恶性或者是带有恶作剧性质的偶发事件,突然出现,很容易激起教师的不好情绪,很多教师就会忍不住对学生抱怨、指责,性子暴的教师可能还会讽刺挖苦,甚至恶语相向。因此,处理偶发事件的第一原则是尊重学生,尊重学生的人格。只有牢记这一点,教师才不会被激怒,才能静听事发缘由,冷静思考对策。

2. 引导为主

在整个课堂教学的40多分钟内,教师和学生基本都需要集中精力。偶发事件因为是偶发,故而新奇,所以一旦发生,学生的注意力必然瞬间被吸引,精神为之一振的同时,内心充满着好奇,抱着看热闹的心情。所以教师在处理偶发事件的时候,不能从自身的需求(比如快快处理,接着上课)出发,而是应该站在当事人的角度,以引导为主,让当事人自觉认识事件的性质、结症,从而自觉地去寻找解决的途径。由于事件因其而生,所以要由其而结,只有这样,才能将全班学生隔岸观火的心思熄灭,才能将全班学生的注意力集中到解决问题的思路上来。

三、处理偶发事件的策略

偶发事件发生后,教师通过倾听、引导,了解到事件的缘由后,可以视当时的情境,采取多种解决方法。其中基本的策略有:

1. 正面解决

有些偶发事件发生后,会立刻引起全面关注,如果不立刻处理,就会有事态扩大的可能。这时候,教师须立马进行正面处理。如,在某教师的课堂实验过程中,1组的小明和小路两位同学因为实验方案的确定,产生了分歧。小明要实施A方案,小路要实施B方案,争执不下,声音越来越大,以至于到了争吵和动手动脚的地步,引起全班同学停下自己组的实验来看热闹。这样的偶发事件就必须正面处理。

教师的处理如下:

  教师:同学们请安静,回到各自的位置上。(首先要让学生回归原位、课堂回归正常)

1组这里出现了一点问题,大家都很好奇。让我们来听听到底发生了什么?小明、小路,你们两个是当事人,请你们陈述事情发生的原因。小明,你先说。

小明:我们组这个实验,我觉得用A方法比较好,小路不干,非得用他的方法,他的方法明显是错的。

教师:你说说完了。请坐,小路,你说说看,是怎么回事?

小路:他怎么就知道我的方法是错的?他有什么根据?他就是有偏见!为什么不能用我的方法?

教师:你也陈述完毕了。老师现在知道了:你们刚才争吵是因为各自都有自己的想法、都想选自己的方案去做实验,从而导致意见不一致,是不是?

小明、小路:是。

教师:你们两个自己都有自己的想法,说明你们都在积极思考,这很好。但是你们是一个小组,小组内出现意见分歧,如果最后只能执行其中一个方案,采用什么方法?

全班同学:投票决定。

教师:大家说投票决定,你们两个有没有意见?

小明、小路:没有。

教师:由于这是1小组内部的事务,请1小组成员注意啦。赞成小明的A方案的举手。4票。赞成小路的B方案的举手。2票。好!经过民主决议,1组先实施A方案。各组同学注意啦,接着该干吗干吗吧。

接着教师走到1组旁边,对1组的同学说:你们组出现了两个方案,本来是好事。说明你们组的同学肯动脑筋啊。但是你们组内在第一时间内没有处理好,现在全班同学帮你们解决了问题的第一步,就是先做小明的方案。小明,你们组支持你的人数多一些,希望你不负众望,带领大家好好完成实验。

小明(得意扬扬):保证完成任务!

教师:小路,我们刚才讲了,是先完成小明的方案。你的方案也是可以去做的。前提是,在你的协助下,小明的方案完成得顺利,如果课堂上我们还有时间,就接着做你的方案,如果时间不够,老师可以让你带领你的赞成者一起课后做。

小路(阴转多云):好吧。

教师:好。就看你们组的啦。开始吧。

教师在处理好这件偶发事件后,在1小组逗留了很长时间,看到事态已经平息,才开始去其他小组巡视。同时,教师还有意延长了实验时间,让1组能够有机会完成小路的方案。实验证明,小路的方案有一个小缺陷,不能让灯泡亮起来。此时,小明的情绪很高涨,小路有些低落。教师装作没有看到小明的得意,只是摸了摸小路的头表示安慰,以淡然的态度不强化两个人的情绪,保证课堂教学不再节外生枝。

2. 侧面迂回

有些偶发事件发生时,教师可能一时想不起该如何解决。这时候就需要采取侧面迂回的策略。比如,学生经常会在教师讲述某一问题时,突然联想到另一个问题,当时对这个问题,教师却不能马上回答出来。这就需要迂回策略了。

例如,在做电磁铁实验时,一位学生在接触电池的时候,突然觉得自己被电着了,吓得大叫起来。全班一下子寂静无声,都瞪大眼睛看着他。

教师一边朝他走去,一边问:发生了什么事?

学生:我被电池的电电着了。

面对这一偶发事件,教师该怎么做呢?以下是两位教师不同的处理方案:

教师1:怎么可能?!5号电池是电不着人的。你那是静电。电了你一下,没事,不要大惊小怪。

教师2的处理方法如下:

教师:你觉得自己是被电池电着了吗?

学生:是的。

教师此时已经到了学生旁边。教师用手拿起电池,举起给同学们看:我也拿了电池,没有被电到啊。

学生:老师,我不是你这么拿的,是两个手指拿到电池的正负极。

教师按照学生所指改变拿法,展示给学生看:我也没有被电到啊。

学生:你不容易被电。

教师:老师不是不容易被电。老师冬天穿毛衣的时候,也常常被电到了。毛衣上可没有电池,电着老师的是什么?

全班学生:静电。

教师:对。是静电。刚才你拿电池时,肯定是被电着了,但是电你的不是电池,而是你接触电池时产生了静电。静电不是时时都会产生的,要不然老师不是天天穿衣服都会被电?(学生笑)所以不要怕,你现在再去拿电池,不过为了安全起见,不要直接接触电池的正负极,看看还能不能产生静电电到你?

学生:我还是害怕。我不知道多大的电池可以电到我。

当学生提出"多大的电池可以电到我"这个问题时,教师蒙了。由于教师对这个问题没有事先了解,所以这里对教师来说又发生了一个偶发事件。这个教师想到了迂回策略。

教师:你这个问题问得很好,多大的电池对我们来说是有危险的呢?同学们有谁知道?

同学们摇头。

教师:我想大家都想知道这个问题的答案。所以老师决定让某某同学下课后去查一查、问一问,其他同学也可以查一查、问一问,下节课我们再听他的答案。但是,今天老师要告诉大家:5号电池是电不到人的,是绝对安全的。大家可以放心做实验。

迂回策略可以临时救场,但是迂回策略最忌讳的事情就是,把问题丢给学生后就万事大吉,没有后话。这位教师需要课后马上自己查资料,了解多大的电池对人体有伤害。然后在下次课上课前解决这个问题,兑现承诺。

课后练习

1. 简述处理课堂偶发事件的策略。
2. 评价"侧面迂回"策略中,教师1和教师2的处理方式的优劣性。

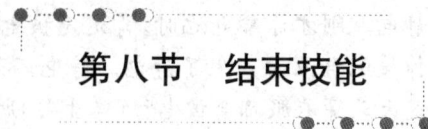

第八节 结束技能

一、结束技能及其作用

一堂课的教学,要有始有终。结束是课堂教学的最后一个环节。所谓结束技能,是指在完成一个教学内容或活动时,对知识进行归纳总结,使学生所学知识形成系统、升华的行为方式。结束技能运用得好,能增强课堂教学活动的整体效果,从而圆满完成教学任务,保持学生继续探究的热情,因而可引导学生向知识的纵深发展。好的结束不仅是本节课的归纳总结,而且还可以是引导学生探索新知识的开始,成为下次课探究的基础。

从目前的教学现状来看,教师往往十分注重导入的设计,相对忽视结束的设计,于是常常出现"虎头蛇尾"的现象,影响了整个教学效果。而恰到好处的结尾,或画龙点睛,或承上启下,或总结升华,或巩固知识等,结束技能的主要作用有以下几点:① 总结所学知识要点及其结构、明确其重要性;② 引导学生总结分析学习的思维过程和方法;③ 布置思考题,对所学知识及时复习巩固和运用;④ 提升情感,形成科学态度等。

二、结束技能的原则

在运用结束技能时,应遵循以下原则:

1. 及时性原则

结束教学是外在客观时间与教学内容内在发展同时结束时所需要的教学行为。心理学研究表明,记忆是一个不断巩固的过程,由瞬时记忆到长久记忆有一个转化过程,实现这个转化的过程最基本的手段是及时小结,周期性复习。因此在讲授新知识接近尾声时,要及时小结和复习巩固。尤其是科学知识内容,其特点是逻辑性强、前后连贯有序,因此要趁热打铁,及时对所学内容进行总结与归纳,将其纳入学生原有的知识结构中去,从而引导学生巩固和加强所学科学知识。

例如,在学习完"水的三态变化"知识点后,教师须引导学生及时进行总结,避免学生在课后遗忘或是之后生活中出现对知识点模糊不清的现象。

教师:下面我们一起来总结水的三态转化:液态的水能凝固成固态的冰,固态的冰能融化成液态的水,液态的水会蒸发成气态的水蒸气,气态的水蒸气能凝结成液态的水。最后请同学们课后创作一幅表示水的三态转化的简笔画作品。

2. 一致性原则

结束教学还要做到与所学内容紧密相关，突出本节课的主要内容和重点，使得整个课堂形成较完整的知识体系，达到布局合理、结构完整、前后一致。如果在导入时或教学中有设疑而没有解答，结束时一定要做出回应。

例如，在《斜面的作用》一课中，导入时教师设问："来到山区，我们会发现山路弯弯，盘旋其间。山路为什么要这样修建呢？"本课结尾时，让学生运用所学知识解释开课时提出的问题：因为山的高度未改变，盘山公路盘旋其间，相当于延长了山的路程，使坡度变得较小，因而省力，便于人车上山。

如果结束时所做的总结与结束或所学内容前后不符、相互剥离或者冲突，必然会扰乱学生思维。

例如，在上"液体的热胀冷缩"时，教师总结：液体受热以后体积会变大，受冷以后体积会缩小。有学生提出水在4℃以下就是热缩冷胀。所以，在总结时，教师应科学准确地总结：许多液体受热以后体积会变大，受冷以后体积会缩小。以免总结与科学事实不符，扰乱学生思维。

又如：在上"运动与摩擦力"时，同学们通过实验研究影响摩擦力大小的因素："重量"与摩擦力大小是否有关；"接触面的粗糙程度"与摩擦力大小是否有关。实验结束后，各小组得出实验数据存在较大差异，导致学生无法得到一致公认的、正确的结论。教师此时应及时指出问题所在，反复实验，引导学生得出正确结论。

教师：那么，造成实验出现误差的原因有哪些呢？……同学们真聪明，的确在实验过程中……的操作使误差出现，所以，我们的实验结论是"重量、接触面的粗糙程度"都会影响摩擦力的大小。

3. 简洁性原则

相对于导入，结束时间要少得多。在实际教学中，受不可预知因素的影响，很多教师在面临是缩短教学内容还是结束时间的选择上，总是倾向于牺牲后者。即使是时间充足，在预先设计的时候，40分钟的课堂也只给结束3到5分钟，至于微型课，结束时间预留一般不超过2分钟，如果出现3分钟以上的结束语，说明时间安排上出了问题，可能是前面的环节时间分配少了或实施进度快了。因此，结束语言必须精炼准确,简明扼要,总结不必面面俱到,突出所要突出的要点即可。

例如,在《水和食用油的比较》一课中教师布置学生从"水和食用油的相同点与不同点"入手,引导学生以知识梳理的形态共同构建一张"水和食用油比较的维恩图",对知识体系进行了有逻辑的整理,便于学生学习,但太过冗杂的内容会让学生无所适从。所以结课时,教师只要简明扼要地总结:通过今天的学习,我们了解了水和食用油的共同特点——它们都会流动,没有固定形状。其他液体也如此,这是液体的共同特征。

三、结束技能的方法

结束的程序,一般为简单回忆→提示要点→总结归纳或拓展延伸。

课堂结束的方法多种多样。结束可以是封闭型的,也可以是开放型的。封闭型的结束一般以语言归纳、练习巩固为主,是对本节课的结论做概括或运用;开放型的结束一般以问题设置为主,从本节的教学内容中找出拓展问题,留下悬念、启发学生思考,鼓励其继续深入探究。例如:

封闭型的结束:在上《物体在水中是沉还是浮》一课时,在学生把他的预测与实验结果相比较后,就可以进入课堂教学的收尾环节,教师以语言归纳,对本节课的结论做概括:"这节课我们通过切分和叠加这两个实验,可以知道:由同一种材料构成的物体,改变它们的体积大小,在水中的沉浮是不会发生改变的。"

开放型的结束:在《生物多样性的意义》一课结尾时,教师提出:"同学们,难道仅仅是濒临灭绝的生物需要我们拯救吗?在我们身边有哪些行为危害到自然界里生物的生存?在我们身边还有哪些需要我们援助的生物?"这样的问题,促使学生进一步思考,学生的思维不再局限于大熊猫、白鳍豚等濒危生物。到下节课时让学生各抒己见,开放的结尾就是要把探究活动与学生的直接经验和实践活动有机结合起来,使课堂成为学生现实生活的组成部分。

从对所学知识的处理角度出发,结束的方法可以有:

1. 总结归纳法

总结归纳法是在简单回顾本节课所学的内容的基础上,以简明的语言,总结归纳出本节课的知识要点、重要技能等,使学生对所学内容建立完整的印象。总结归纳不是对所学知识的简单重复,而是对重点、关键问题和知识结构进行深化和升华,从而使知识结构更加清晰、重点难点更加突出。

例如:"沉浮与什么因素有关"中学生们得出了在体积相同的情况下,比水重的物体下沉,比水轻的物体上浮的结论后,就可以进入本课课堂教学的收尾环节。教师启发学生归纳本课学习过程中用到的学习方法,带领学生一起总结学习收获。

教师:同学们,我们一起来回顾本节课用了什么学习方法?(学生:本节课我们用探究式学习法,首先根据问题进行猜想,然后通过实验验证了猜想,最后得出了结论。)

教师:对,这就是科学研究的一般方法:提出问题→做出假设(猜想)→实验验证→得出结论。这节课我们得到了什么样的科学结论呢?(学生:体积和重量对沉浮的影响:在体积相同的情况下,比水重的物体下沉,比水轻的物体上浮。)同学们都非常棒,今天我们就学到这里,下课!

2. 巩固应用法

巩固应用法一般采用练习的形式,将所学内容应用到具体的问题解决中去,以达到现场检验学生学习效果,巩固所学知识的目的。

例如:在上"光的反射"时,学生在掌握"反射光也是沿直线传播的"这一原理后,通过游戏"照亮目标",让学生对这一重点知识进行了巩固,最后教师可让学生联系生活举例,现场检验学生的学习效果。

教师:同学们,我们已经了解了光的反射原理,那细心的你们在生活中发现有哪些地方利用了光的反射原理来便利我们的生活呢?(学生:汽车的后视镜、医生用的额镜、马路上和停车场内的转角镜、潜水艇上的潜望镜等。)大家举了这么多例子,非常棒!最后老师要给大家布置一个任务:请同学们回家后利用光的反射原理制作一个"简易潜望镜",并试着用潜望镜和爸爸妈妈玩一玩"你比我猜"的游戏,下节课一起来分享大家的作品哦!

3. 拓展延伸法

拓展延伸法往往是在简单总结后采用。它可以把所学的知识往深度和广度方面延伸,从而突破一节课知识的局限性,达到把所学知识与学生的生活、社会的生产等情境联系起来,开拓学生的视野,发展学生的思维。

例如,在《我们周围的空气》一课中,学生通过一系列的实验体验了空气的存在,知道空气比水轻,会流动;了解到大气压的存在。在结课时,教师:取出一个带滤网的杯子,将其灌满水盖上杯盖,倒置后旋开杯子,杯中"滴水不漏"!在学生的惊呼声中,教师提示学生这个现象肯定与今天所学的知识有关,还涉及很多科学知识,请大家课后查阅资料寻找答案。这个结课设计,使课堂成为活化已知,探究未知,充满生机的智慧课堂。

4. 激励法

激励法是从心理学的角度出发,鼓励学生像科学家一样勇于探究、积极思考、严谨治学、坚持不懈、敢于怀疑、乐于合作等,从而形成正确的科学情感、态度和价值观。

例如,在《太阳系》一课中,学生普遍对黑洞很好奇,结课可以这样处理——

> 教师:"同学们似乎对于大恒星的结局——黑洞很感兴趣,老师对此也有很多疑问,比如黑洞究竟有多大?究竟有没有生物在其中存活?有没有什么东西可以从它身边逃逸?等等。如果大家和老师一样有这么多的好奇与问题,可以从身边已有的资料或者网络媒体中去寻找答案。如果这些仍无法解答你的疑问,那就从现在开始树立爱科学、学科学的信念,长大后去研究你想研究的未知领域吧。"

这样不仅可以拓展学生的科学知识,还可培养学生学习科学的良好习惯,深化学习科学的兴趣,使学生想学、会学、善学科学。

表4-5 结束法

结束方法	功能	主导者	具体形式
归纳总结法	对所学内容进行归纳总结	教师为主	讲述法
巩固应用法	对所学知识进行应用和巩固	学生为主	练习法
			背诵法
			释疑法
拓展延伸法	对所学知识进行迁移、深化的引导	教师为主	质疑法
激励法	对学生进行情感升华	教师为主	讲述法

除了以上结束的方法,还有一种方法需要新手教师了解,那就是在实际教学中,如果时间已经不够,比如已经有计时员提醒本节课只有1分钟了,这时教师就一定要果断地压缩所讲内容,以一两句话结束教学。这种快速结束的方法的范式为:点明主题,布置课后任务。

例如,在上"空气占据空间"时,只剩最后1分钟了,学生还在总结上一个活动,教师还有一个活动(将纸放入空杯并垂直放入水中)没有做,这时候教师就要快速引导学生总结完毕,同时果断地砍掉最后的活动。

> 教师:这节课我们学习了"空气占据空间",做了两个实验来证明

"空气确实可以占据空间",希望同学们课后,能够找到更多"空气占据空间"的例子相互分享。下课。

总之,不管用到哪种方法,在设计结束的时候,教师本人应思考以下问题:
(1) 你选择的结束方法是否恰当地反映了所学内容?
(2) 你的结束是否针对教学目的?
(3) 学生对你的结束方法是否有兴趣?能调动他们进一步深入思考吗?
(4) 你的结束时间是否会超时?
(5) 你有没有考虑多准备几套结束的方案以应对课堂变数?
如果这些问题都解决了,那这个结尾设计应该可以使课堂做个完美的收官。

四、结束技能的评价

结束技能的评价内容及其标准见表4-6(供参考):

表4-6 结束技能的评价内容及其标准

评价内容	权重	评价标准			
		优	良	中	及格	差
结束的目的明确	0.20					
结束的方法与所学知识相适应	0.30					
使学生的知识得到系统化	0.20					
检查学生所学、强化学生所学	0.15					
能调动深入思考	0.15					
您还有什么意见和建议?	得分(百分制):_____					

说明:其中优为90—100分;良为80—89分;中为70—79分;及格为60—69分;差为60分以下。不打小数分。

课后练习

1. 请在网络上找到一节科学课的结束部分,分析他采用了哪种结束方法。
2. 请你分别用归纳总结法、巩固应用法、拓展延伸法三种不同的方法,为"食物链和食物网"设计一个科学课的结尾。

第 5 章 小学科学说课和评课技能训练

本章概述

新课改背景下,说课和评课都是教师日常教研活动中重要的教学研究形式。说课是指教师面对同行或领导在有限的时间内就某一具体教学内容全面地讲述教学设想及依据,再与评说者一起研讨的教学研究活动。评课是在听课活动结束之后,听课者对授课情况、授课效果等进行的评价。无论是说课还是评课,都是优化课堂教学质量的方法和手段,是教师们互相吸取经验、共享资源、拓展知识、更新理念、提高教学反思能力、促进形成个人教学风格的重要方式。本章简明扼要地介绍了小学科学说课和评课的特点、流程、内容、要求等。

第一节 小学科学说课的意义与流程

一、说课的定义

说课是教师在备课的基础上,在规定的时间,针对某一具体课堂内容,对同行教师、专家或领导,系统地阐述自己的教学设想及理论依据,并与参与者共同研讨的一种教学研究形式。说课集说、评、研、学于一体,能充分体现教师的教学思想和理论水平,成为当代教育界集体大备课的一种重要教研活动,也成为我国大部分地区教师招聘考试中面试环节的重要考核方式。

二、小学科学说课的意义

小学科学说课的优点众多,可以在很多方面得到实际应用,具有以下重要意义:

1. 有利于提高说课教师和评说教师的个人核心素养

说课要求说课者具备一定的理论素养,促使说课者学习教育教学、教育心理、大概念理念、STEM教育理念、小学科学教学规律等相关理论,提升自身的理论水平。同时,说课要求说课者用语言把自己的教学理念、教学思路及教学设计展现出来,无形中提高了说课者的语言组织能力和表达能力。借助说课,说课者和评说者互相学习,相互促进,发现自己的理论不足,进而更新教学理念和教育方法,从而融会贯通、应用自如,有利于小学科学教师从经验型转变为理论型和研究型的综合教师。

2. 有利于提高小学科学教师备课的质量和课堂教学的效率

备课一般是教师的个体行为,其对应的教案只有当被检查时才会公开,并且只有个别领导和相关人员才能查看,无法实现与他人共享,不能更好地发现课堂设计中的优缺点,不能及时进行自我修正。另外,多数教师在备课中往往只关注"教什么"和"怎么教",而很少去考虑"为什么这样教",致使备课缺乏理论和实践依据,更缺乏创新和高度。然而,通过说课活动,说课者不得不思考"为什么这样教"以及"这样教会产生良好的效果",进而理清教学思路,明确教学重难点,把握实验设计要点,提高教师备课的质量。通过评说者评议,说课者还会得到针对性的建议,进而修正和完善自己的教学设计方案。

3. 有利于教师的综合评价与教研活动实效的提高

教师教学效果的评价一般通过听课、学生作业批改及指导、学生成绩及评价等方式获得。要实现教师的过程性评价,需要参与整个备课、上课等过程,受时间与空间的双重局限,评价效率较难提高。但说课时间短,不受教学进度、教学场地、教学媒体和实验仪器限制,不需学生参与,有利于短时间选拔教师或考核教师。

说课一般是针对某一具体课题开展的较为全面具体的教学研究和交流分析的活动,一方面可以促使说课者深入钻研教育教学等理论,掌握小学科学课堂的教学规律,用相关理论指导具体的小学科学教学活动;另一方面,也可以达到以教带研,以研促教,教研相长的效果,提高教研活动的实效。

三、小学科学说课的主要内容与流程

广义上的说课一般包括说课者的"说"和评说者的"议"。

(一) 说课者"说"的主要内容与流程

说课是建立在备课的基础上的,小学科学说课前的准备主要包括:备小学科学课程标准、备教材、备学生、备教学资源、备教法与学法和备教学流程等。精心备课之后,说课者可以进入小学科学说课环节。说课不是机械地叙述教案。说课的主要内容构成了说课者"说"的主要流程,说课内容正式开始之前,一般进行一段简短的开场白:

各位教师(评委)好!我是××教师(×号),我今天说课的课题是"××××"。下面我将从说教材、说教学目标、说学情、说教法、说学法、说教学过程、说板书设计和说教学反思八个方面展开,接下来开始我的说课。

说课的主要内容一般可分为以下几部分:

1. 说教材

在备教材的基础上说明说课者是如何分析本课内容在教材中的地位、作用及其与前后教学内容的联系,表明对教材的处理意见,是节删、扩展还是加深,说明具体处理办法。阐述小学科学课程标准对本次教学内容的要求,明确教学重点和教学难点,说明教材处理上值得注意和探讨的问题,体现说课者分析、处理教材的能力。

2. 说教学目标

说课者可从本节课的总目标、具体的知识与技能目标、过程与方法目标、情感态度价值观目标等方面进行阐述。也可直接结合小学科学的学科特点,从科学知识、科学探究、科学态度、科学、技术、社会与环境四个方面阐述教学目标。在设置教学目标时,应注重培养学生的科学思维和实验操作能力,并于无形之中融入情感教育、思想教育和德育教育。

在说教学目标时,切忌假大空,流于形式,或直接套用模板。教学目标越明确、越具体、越条理化,教学设计就越合理。教学目标贯穿于整个教学流程,教学设计须以教学目标为导向,因此,说课中的其他环节也应体现出如何实现教学目标。说课者容易混淆教学设计中的"教学目标"和说课中的"说教学目标"。在此,通过一个案例加以说明:

教学设计中的"教学目标"

（一）知识技能

了解昼夜交替现象有多种可能的解释。初步掌握昼夜现象与地球和太阳的相对圆周运动有关。

（二）过程方法

提出地球产生昼夜现象的多种假设，并能用模拟实验进行验证，做好模拟实验和运用实验收集的证据。

（三）情感体验

认识到一种现象可能有多种不同的解释，需要更多的证据来加以判断。培养主动探索、积极合作的态度，养成合作学习、科学探究的习惯。

以上是某次教学设计中的"教学目标"，只需直接呈现三个维度的教学目标即可，不需加以说明理由。但说课中的"说教学目标"不仅需要呈现三个维度的具体教学目标是怎样的，也要说明是如何确定这些教学目标的，即说教学目标的依据是什么。因此，需要在此基础上加以适当的分析，可以如下"说教学目标"。

说课中的"说教学目标"

根据我对教材和学情的理解，结合2017版的《义务教育小学科学课程标准》和维果斯基的最近发展区理论，我确定本节课的教学目标如下：

（一）说知识技能的教学方面。通过对教材的分析，以课标为基础，确定学生能了解昼夜交替现象有多种可能的解释、初步掌握昼夜现象与地球和太阳的相对圆周运动有关。

（二）说过程方法的实施方面。根据学生的学习特点和小学科学的学科性，结合本次教学内容，确定学生能提出地球产生昼夜现象的多种假设，并用模拟实验进行验证，做好模拟实验和运用实验收集的证据。

（三）说情感态度价值观的落实方面。依据学生的认知结构、心理特点及教育心理学理论，确定学生能认识到一种现象，可能有多种不同的解释，需要更多的证据来加以判断。培养主动探索、积极合作的态度，养成合作学习、科学探究的习惯。

3. 说学情

在备学情的基础上分析学生的知识层次、认知结构、实验操作水平、学习方法、学习习惯、学生心理特征、学生的整体水平与个体差异等方面的教学现状,说明学生在教学中可能出现的问题及其解决方式等。了解每一位学生的差异和需求,如何凸显差异性和特色性等要素,实现"面向全体学生"的教育理念。在说课时,其他环节都应基于学情的分析,尤其是教学过程要与学情紧密联系起来,切实体现以学生为中心,达到事半功倍的教学效果。

4. 说教法

在备教法的基础上说明在本课中将采用的教学方法和运用的教学手段,以及理论依据,重点说明创新性的教法和学法,特别是对显著提高小学生科学素养、培养小学生创新精神和实践能力的具体做法,要重点说明。

具体而言,可以从如下几方面开展:说在教学活动中,教师如何组织教学,如何引导学生学习,如何激发学生的学习兴趣、最大限度地调动学生的学习积极性,如何设计演示实验和学生分组实验,如何提高学生的科学素养,如何应用现代化信息技术和多媒体,如何借助日常生活资源,如何培养学生的创新精神和实践能力等,如何充分体现教师是课堂教学的引导者、支持者、启发者和合作者。更要重点说明如何突出重点、突破难点的方法。

小学科学中常用的方法有演示教学法、实验教学法等,直观形象且具体,并突出探究式教学。但无论以哪种教法为主,都需结合教学的硬件条件、环境资源及教师本人的特长。不能搬硬套常用的教学方法,要注意实效,注意多种方法的有机结合,相互补充,做到百花齐放。

5. 说学法

在备学法的基础上说明在本课中将教给学生哪些学习方法,说如何进行探究性实验和学习;说如何培养小学生的元认知能力;说针对本次教学内容及教学目标,学生宜采用怎样的学习方法,如何实施;说在本节课中,教师怎样巧妙地融进学法指导。说学法要体现出学生的自主学习、合作学习。

6. 说教学过程

在备教学流程的基础上说明说课者是如何安排教学双边活动的,并简要说明设计的理论依据,彰显教师自身的教学风格、教学特色、教学个性和教学艺术。说教学过程是说课中的重点部分。

说教学的总体框架设计,即整个教学内容安排。说清教学中每一个环节"教的是什么""怎样教"和"为什么这么教"。说明各个教学环节的逻辑顺序和对应的教学安排时间,重点说明各个环节的衔接与过渡。

说教学过程的内容较多,要注意突出重点,抓住关键,体现创新。说教学过程要详略得当、简繁适宜、条理清晰、有条有理、有理有据、针对性强、一目了然、有声有色、生动有趣。

7. 说板书设计

对于小学生而言,板书是非常直观的教学手段,且可以长期保留在整堂课中,便于小学生课堂上的自我总结。好的板书设计更能将教学内容形象化、系统化、条理化和艺术化。说板书设计要附上较为详细的板书设计,并说明理论依据。板书体现教学内容的精要和核心,不能出现错别字及笔画顺序错误。板书要简而明,精而活,切记多而乱。常用的板书设计为提纲式、分解式、图表式等。板书设计也在一定程度上反映着教师的教学特点和风格,不可或缺。

8. 说教学评价(反思)

在前面的各个说课环节的基础上,总结归纳本次课的设计理念和教学思路,突出整个教学设计的创新点。说课可以是课前或课后进行,在这一环节中对应两种不同的内容。对于课前的说课,本环节为"说教学评价",对其教学设计实施以后可能会出现的结果进行预测;对于课后的说课,本环节为"说教学反思",侧重于运用教学策略后的教学效果,对比预期目标与教学设计实施以后的教学结果,从中总结经验,吸取教训,完善教学设计,提高教学设计能力。

最后,在说课结束时,说课者应表示感谢,恳请评说者批评指正。

(二) 评说者"议"的主要内容

评说者的"议",即说课评议,属于广义上说课的第二个环节。在平时的教学活动中,多数教师一般只把自己置于被评价的位置上,尤其是青年教师多是听取他人之说,缺乏评议他人之教学的意识。说课中的"议",可以让青年教师有机会评议同行的教学。议课的主要内容一般可分为如下几部分:

(1) 是否以《义务教育小学科学课程标准》(2017年版)为指导,以深入研读和剖析教材为基础,把握教学内容的深度、广度和宽度;是否科学地处理知识间的内在联系;是否通过有效的教学方法和途径突出重点、突破难点,促进学生知识的内化和迁移,形成学生的认知结构;是否培养学生良好的思维品质和能力;是否利于学生个性的发展和全面发展。

(2) 教学目标的确立是否正确、完整、可行、具体,教学过程是否紧紧围绕教学目标。教学目标是不是明确地体现在每一教学环节中,教学手段是否都紧密地围绕教学目标,为实现教学目标服务。重点内容的教学时间是否得到保证,重点实验技能是否得到巩固和强化。

(3) 是否优化了各教学要素,是否合理优化了教学结构,充分发挥教师的主导作用和学生的主体作用;教学过程是否严谨有序,教学环节的衔接和过渡是否合理、自然;教学是否具有艺术美;是否关注师生之间的情感交流,形成了生动、活泼、平等的师生关系。

(4) 教学媒体和信息化技术的使用是否量体裁衣和优选活用,是否符合教学内容和师生特点,是否富有启发性和创新性,是否有助于教学目标的实现,是否有助于开发学生的智力因素和非智力因素,是否有助于学生信息化技术的掌握和科学素养的提升。

(5) 教师的基本功是否扎实,板书是否设计合理,是否言简意赅,字迹是否工整美观;仪态是否端庄,举止是否从容,是否具有感染力;说课语言是否准确清晰,是否抑扬顿挫,是否生动形象等。

四、小学科学说课的基本模式

小学科学说课一般分为传统说课模式和多向型说课模式。

1. 传统说课模式

说课者个人进行全程准备,同行、专家和领导进行针对性的单次评说。说课者个人一般采取以下两种方式进行说课的准备:将已有的教案转换成说课稿;直接根据说课要求完成说课稿。

传统说课模式涉及的说课教师只有一人,评说的教师也可能跟说课教师不是相同年级,甚至不是相同学科,评议时不能深入发现问题和总结归纳,减低对说课者的激励性和导向性。传统说课模式所需的准备时间较短,适用于临时的教研活动,比如教师招聘考试的面试等环节。

2. 多向型说课模式

科学教研组集体研讨说课总体方案,推荐1至2人做具体说课准备,教研组共同商讨说课稿,说课教师针对说课稿开展课堂教学,教研组所有小学科学教师共同进行评议、归纳与总结、反思与修正,最终形成定型的说课稿。

多向型说课模式涉及的说课教师可以只有一人,但评说的教师一般都是科学教师,这可以充分调动科学教研组的参与度,集思广益,最大限度地发挥集体智慧,提升了说课和议课的效率、价值与功能。多向型说课模式通过实际的课堂教学进行实践与检验,避免了说课出现程序化、教条化和空洞化,避免说课流于形式而脱离教学实际。

不同的说课模式影响着说课的部分内容,在说课内容的"说教学评价(反思)"环节中,传统说课模式对应"教学评价",多向型说课模式对应"教学反思"。

第二节 小学科学说课的主要问题与基本要求

一、小学科学说课的主要问题

在小学科学说课中,常常出现如下几个主要问题:

1. 混淆说课与背课、讲课的区别

"说课",顾名思义,重点在于"说",是要把自己的教学思想、教学理念、教学设计等叙述给同行或评委听,以达到取长补短和提高教学水平的目的。而"讲课"则是教师和学生的深入对话,目的是让学生有所学、有所思和有所得。两者的对象不一样,说课的对象是同行或评委,讲课的对象是学生。

部分教师把说课理解为背教学设计或教案,说课不是宣讲、背诵或演说教案,也不是压缩课堂教学过程,不同于微课。说课的核心在于说理,不仅需要说"教什么"和"怎么教",更要说清"为什么这样教"。

2. 对教材的研究一知半解,不够透彻

"教材"是"说课"的基础。目前,市场上有很多不同版本的小学科学教材,每个地区及小学都有差异,不同的教材,内容的编排和难度不同。说课者只有深入地钻研教材,读懂教材,才能有针对性地对所说的教材内容做出科学的分析和解释,把握重难点。而说课者经常忽略对教材的深入研究,常直接借用他人的案例。

3. 脱离教学实际,缺乏实际操作性

很多教师花大量时间对科学内容进行分析,但忽略具体的教学目标、教学重难点、实验设施、学生能力等因素,甚至生搬硬套小学科学说课模板,造成教学设计、教学理论依据、教学实际三者完全不匹配。部分说课者将高年级的实验套用在低年级的教学内容上,完全不符合学生的年龄特点、认知结构和身心发育情况。部分说课者滥用教育相关的名人名言、教育学原理、教育心理学等,理论与教学实际脱钩,出现生吞活拔之嫌。

4. 声音、肢体语言缺乏规范和优雅

一次好的说课,既有高质量的内容,又能给评说者带来美的享受。说课者说课时抑扬顿挫、高低错落、充满激情,就能使听者如沐春风,从而保持最佳的评说状态,提高说课效率。除了语音、语调之外,还可适当配合合适的肢体语言,表现出从容稳重的姿态，拉近与评说者的距离。在适当时机，面对评说者要略带微笑，增加说课者的亲和力。部分说课者忽略各个环节的衔接和过渡，条理不清，逻辑混乱，主次不明，甚至出现环节颠倒、错综复杂，给评说者夸夸其谈、纸上谈兵、照本宣科之感，进而影响说课效果。

二、小学科学说课的基本要求

说课不同于上课。说课时间较短，所包含的内容丰富。小学科学说课应符合以下基本要求：

1. 具有理论性与科学性

说课不是宣讲教案，不是浓缩课堂教学过程。说课不仅能体现说课者的教育教学理念、专业知识，同时也能体现说课者的教学设计能力、表达能力和策略等。说课要求说课者具备一定教学理论功底，充分展现教师对小学科学教材的处理、对小学科学课程标准的理解和对现代教育理论及先进教育教学经验的认识。

小学科学说课同时也须结合学科特点，具备科学性。即内容科学，要准确具体、联系生活、体现探究。因此，说课者必须认真学习教育教学理论、小学科学课程标准、当代先进的科学教育理念等，主动接受和研究教育教学改革的新成果和新产物，并逐步应用到实际课堂教学之中。

2. 具有实际性与操作性

说课的内容必须客观真实，科学准确，联系生活，切记为了说课而生搬硬套一些不吻合的教育教学理论。说课者个人的不完整的想法或策略，可如实地说出来，引起听者的思考，相互切磋，相互交流，进而完善说课者的说课内容，达到"双赢"的效果。说课的目的是提升教师个人素养，提高课堂教学效果，说课中的每一环节、每一个设计都应符合教学实际。

说课不受教学对象及其人数的限制，也不受时间、场地、教学设备和实验仪器的限制。单次说课的时间一般在10—15分钟，不需安排在正常的教学时间段，也不需要安排在教室或实验室，可以随时随地进行。因此，说课的操作性极强，简便经济，节省时间，适用于临时考评专任教师，成为业务竞赛、选聘教师和评定职称的优先评价方式。

3. 具有交流性与生动性

说课者在说课时是一种单向行为，说课者结束个人说课后，评说者会通过提问、讨论、座谈等方式进行评议，此时说课成为一种教师与同行（专家或领导）之间的双向活动，教师们在说课和议课的过程中交流教学理念、教学经验、教学方法等。青年说课者将会得到针对性极强的、极为贴切的指导;名师说课者将起到较强的示范作用和辐射作用。

4. 具有完整性与创新性

说课一般针对某一节课的内容进行,但也可以围绕某一单元,甚至某一章节展开系列型的说课活动。一般而言,说课的内容包括教材的剖析、目标的确定、学情的分析、教法的选择、学法的指导、教学程序的设计等一系列内容。说课具有完整性,要做到覆盖所有的基本内容,但说主不说次,说难不说易,说新不说旧。要不拘形式,防止囿于成规的、教条式的倾向。

说课作为一种新的教学活动,说课本身就具有创新性。说课者在进行说课时应体现个人的教学风格与教学特色,评说者在进行评议时应充分挖掘说课者的特色与创新之处,相互学习,说评相长,共同进步。

三、小学科学说课的案例及参考模板

 案例1

《昼夜交替现象》说课稿

各位专家、领导,早上好!

我是某某学校的科学教师,今天我展示的内容是教科版五年级下册第四单元的第一课《昼夜交替现象》,我的说课将从以下几方面进行:

一、说教材

（一）教材简析

《昼夜交替现象》是小学《科学》五年级下册"地球的运动"单元的第一课。这一课不是为了让学生掌握形成昼夜交替的原因,而是让学生对昼夜交替现象做出比较合理的解释,这就要用到地球自转、公转等方面的知识,而这些知识又安排在本单元的后几课。

（二）说教学目标

1. 说知识技能

通过对教材的分析,以课标为基础,确定学生能了解昼夜交替现象有多种可能的解释、初步掌握昼夜现象与地球和太阳的相对圆周运动有关。

2. 说过程方法

根据学生的学习特点和小学科学的学科性,结合本次教学内容,确定学生能提出地球产生昼夜现象的多种假设,并用模拟实验进行验证,做好模拟实验和运用实验收集的证据。

3. 说情感体验

依据学生的认知结构、心理特点及教育心理学理论,确定学生能认识到一种现象,可能有多种不同的解释,需要更多的证据来加以判断。培养主动探索、积极合作的态度,养成合作学习、科学探究的习惯。

(三)说教学重难点

通过对教材的研读,结合本节内容在教材中的地位和作用,确定设计模拟实验验证假设为本次课的教学重点。依据学生现有的学习基础和能力,考虑到可行的教学方法,确定本次课的教学难点为解释地球产生昼夜交替的现象的原理。

(四)说教学手段

本课我主要采用的教学手段是实物。根据教材实际情况,我没有采用先进的多媒体教学手段,而主要利用实物进行模拟实验。如:小皮球(乒乓球)、手电筒(蜡烛)、白纸、水彩笔、小组记录表。

二、说学情分析

学生对周围的世界具有强烈的好奇心和积极的探究欲,学习科学应该是他们主动参与和能动的过程。虽然五年级的学生通过电视或书籍,大多数都已经知道地球在自转并且围绕太阳公转这一科学事实,但还没有足够的知识积淀和空间想象能力。从教材编写来看,引起昼夜交替现象有好几种可能,教材的目的就是让学生发挥最大的想象力,提出地球产生昼夜现象的多种假说,并通过模拟实验去验证,重演一次人类认识昼夜交替现象的过程,通过这样一个过程虽然最后还没有找到正确的解释,但学生在这个过程中明白了科学需要通过亲身经历、科学探究,从而形成深刻的科学价值观。

三、说教法

"教无定法,贵在得法,重在过程",根据科学学习要以探究为核心,科学课程应该具有开放性这一基本理念,针对《昼夜交替现象》这堂课,我采用"探究—研讨"的教学方法,通过学生对昼夜交替的现象进行观察、研讨、推测假设、验证,以进一步研究昼夜交替产生的原因,从而让学生学到探究科学规律的本领。为了能使本课的教学目标得以落实,取得良好的教学效果,我还同时综合运用了实验法、演示法、讨论法等多种教学方法来组织课堂教学。

四、说学法

本课主要采用观察法、假设法、模拟实验法、小组合作等多种学习方法,指导学生通过"假设—实验—得出结论"的途径对昼夜交替现象进行解释,充分发挥学生的创造力,使学生能独立进行探究实验,从而获取新知识,培养技能技巧。

五、说教学过程

本课的教学过程主要分为四大部分。

第一大部分引入新课：

首先，通过教师谈话引入课题。每天早上，太阳从东边冉冉升起，每天晚上，太阳又从西边落下……我们居住的这个星球——地球，就这样白天和黑夜不停地交替出现。白天可以叫作——（昼），晚上可以称为——（夜）。今天我们就来探索——"昼夜交替现象"（板书课题）。然后教师提出问题：

1. 白天跟晚上最大的区别是什么？（白天有阳光，晚上没有）
2. 你认为昼夜交替现象与什么有关？（地球和太阳）

学生通过思考、交流回答自己知道的，从而教师了解了学生已有的知识水平。最后过渡：地球与太阳怎样运动会产生昼夜交替现象，科学家在研究的过程中，也是先提出很多的假设，然后再对自己做出的假设进行论证，最后发现规律。今天我们也来当科学家。

教学伊始，为学生创设情境，并联系学生生活，引出昼夜，使学生轻松进入学习状态，激发起学生想要探究、想要主动参与的欲望，为下一步学生们能以饱满的热情进行学习做好铺垫。

第二大部分推测假设：

1. 学生以"头脑风暴"的形式做出假设，暴露学生的初始想法：画示意图（注意事项：标出地球、太阳的名称，用箭头表示运行的方向）。

2. 收集学生的假设：① 地球不动，太阳绕着地球转；② 太阳不动，地球围着太阳转；③ 地球自转；④ 地球围着太阳转，同时自转；……

猜测是科学课培养学生兴趣的有效方法，也是让学生尝试构建一个解决问题的模型。以前学生对昼夜交替现象肯定有些许了解，这也就让学生有了探究、验证的需求，同时培养了学生大胆猜想，进行科学预测的习惯。

过渡：有好几种观点，到底哪种是正确的，或者说一种正确的都没有，怎样去判断呢？

地球与宇宙的教学，难在学生空间观念的建立。先让学生自己想象画图，到小组讨论，再到全班交流，为的是让学生的思维有梯度地发展和完善。

第三大部分模拟实验：

1. 出示实验器材，明白用途。

（1）把乒乓球当作地球，用手电筒来代替太阳呢？地球上被太阳照亮的部分是？（昼）没被太阳照亮的是？（夜）

（2）用彩色笔在乒乓球上画红星做标记，假设就是我们的家。

怎样才能让红星处出现昼夜交替现象？用实验的方法检验假设。

2. 小黑板出示实验要求：

（1）做标记：在乒乓球上画红星。

(2) 实验中乒乓球不要转动太快,手电筒不能随便乱动。
(3) 认真观察:小红旗处昼夜会不会变化?
(4) 完成实验记录表,做解释。

	实验情况	能否解释昼夜交替
第一种		
第二种		
第三种		
第四种		
……		

3. 材料员来领材料、实验记录表,小组合作进行实验并记录,教师巡视、交流沟通。

过渡:各小组来汇报、展示一下你们的实验,好吗?

把课堂还给学生,本节课的内容较抽象,但通过模拟实验的形式把它形象化、可视化、易懂化,使学生可操作化,效果较好。

4. 学生上台展示、交流,给予评价。

5. 实验小结:

提问:我们在做的几个模拟实验,地球或太阳的运动有什么共同特点?(只要太阳绕地球或地球绕着太阳进行圆周运动就可以产生昼夜交替现象。)

科学探究是一个动手实践的过程,也是科学的思维过程,更是学生经历、体验和发现的过程。这一环节是让学生通过动手实验、观察、检验自己提出的预测,能用语言描述实验的整个过程,并进行分析,归纳得出地球或太阳运动的共同特点。

第四大部分总结、延伸:

1. 通过今天的学习,谈谈有什么收获?

2. 对于"为什么地球上昼夜会不断地交替"这种自然现象,虽然有多种可能的解释,但合理的只有一种,要找到符合真实情况的解释,我们需要更多的信息和证据,当我们获得的证据越多,我们就越可能对我们看到的现象做出更合理的解释,我们也就越接近真理。下节课我们将继续研究,同学们也可以查阅一下相关的资料,把你收集的资料带来,我们一起交流。

联系生活,深化运用。让学生意识到科学就在我们身边,生活中处处有科学,激发学生学科学、爱科学的兴趣。同时学生交流分享收集的信息资料,让静态的知识动态化,让课堂生态化。

六、说板书设计

昼夜交替现象:学生画的示意图

① 地球不动,太阳绕着地球转;(顺时针转、逆时针转两种)

② 太阳不动,地球围着太阳转;(顺时针转、逆时针转两种)

③ 地球围着太阳转,同时自转;(顺时针转、逆时针转两种)

④ 太阳不动,地球自转。(顺时针转、逆时针转两种)

板书是微型课的教科书,利用板书,可以一目了然地看清知识结构,使学生形成完整的认知体系,加深对所学知识的理解和记忆。

七、说教学评价

新课程改革倡导"立足过程,促进发展"的课程评价,所以,我特别关注学生参与的态度、关注学习的过程和方法、关注交流与合作、关注动手实践。在本节课我将采用灵活多样的评价方式:

1. 在"推测假设"环节中采取教师评价、学生自评、互评。

2. 在"模拟实验"环节中采取小组评价。

3. 在"汇报展示"环节中采取教师、学生对汇报者实验活动做出评价。

4. 在"实验小结"环节中教师对学生进行综合性评价。

让学生在评价中学会实践和反思,学会发现自我、欣赏别人。

以上是我的说课,敬请各位专家批评指正,谢谢!①

案例2

《声音是怎样产生的》说课稿

各位专家、领导,早上好!

我是某某学校的科学教师,今天我展示的内容是教科版四年级上册《声音》单元的第二课《声音是怎样产生的》,我的说课将从以下几方面进行:

一、立足课标,说教材和学情

《声音是怎样产生的》是义务教育课程标准实验教科版科学四年级(上)《声音》单元第二课时内容。它属于"科学探究"的目标系列,通过实验和观察认识声音是由物体振动产生的,培养学生的实验观察能力和分析概括能力、创新能力。本课在本单元中起承上启下的作用,是基于前一节《听听声音》来研究、探索"声音是怎样产生的",为后面《声音是怎样传播的》《控制物体发出声音》等课时的探究活动做好充分的知识准备。

---

① 节选:https://wk.baidu.com/view/8eeca36d011ca300a6c390e1?pcf=2

【学情分析】在进行本课学习前,作为四年级的学生对声音生活中的声音现象已有较丰富的直观感受。但是熟悉的现象并不一定引起学生自主的探究性思考,这恰是我们教学有价值的地方。基于这样的思考,上课前可以由教师收集声音的录音材料,课一开始,我便在"熟悉"两字上做文章,让学生做"听声音,猜物体"的游戏导入本课。这符合学生的年龄特点,让学生感觉到自己生活在充满声音的环境中,激发学生想知道声音更多奥秘的兴趣。

二、围绕目标,说教法与学法

(一)说教学目标

1. 知识与能力目标:认识声音是由物体振动产生的;

2. 过程与方法:能观察、比较、描述物体发声和不发声时的不同现象;能从多个物体发声的观察事实中对原因进行假设性解释;可以借助其他物体来观察不容易观察到的现象;

3. 情感态度与价值观:在探究的过程中,积极大胆地阐述自己的发现;乐于与他人合作,养成细致观察的习惯和态度。

【教学重点】通过认识声音是由物体振动产生的过程,培养学生的观察实验能力和分析概括能力、创新能力。

【教学难点】理解声音的产生与物体振动的关系。

【教学准备】教师准备:鼓、音叉、装水的水槽、课件。

学生分小组准备:鼓、豆子、钢尺、皮筋、小木架。

(二)说教法、学法

1. 教法

(1)情境激趣法:以"听声音,猜物体"的游戏导入本课,激发学生的学习兴趣。

(2)多媒体辅助法:利用多媒体课件、声音文件、图片文件进行直观演示,将科学教学与信息技术融为一体,启发学生主动去探究声音的产生。

(3)层层推进法:从四年级学生的认知水平来分析,探索性实验不适合大步子教学,宜采用步步深入、层层推进的方式设计教学。

(4)实验演示法:通过实验观察认识声音是由物体振动产生的,培养学生的实验观察能力、分析概括能力和创新能力。

2. 学法

(1)实验探究法:让学生在实验中自主探究声音的产生,主动获取信息。

(2)小组合作法:以小组合作的形式深入科学探究活动中,并在活动中提高科学素养。

(3)交流讨论法:让学生在实验中充分交流、讨论、探究声音的本质。

三、抓住主线，说板块与环节

1. 激趣导入，揭示课题

好的开头是成功的一半，恰当的导入能激发学生的兴趣，为新课教学创造最佳的学习氛围。根据小学生好奇心强烈的心理特点，上课伊始，我设计了"听声音，猜物体"的游戏，引起学生对声音的关注："同学们，老师今天给你们带来一样特殊的礼物，请你们闭上眼睛，认真聆听。"（播放声音）生听后，汇报听到的声音：汽车声、火车声、风声、雷声、雨声等。让学生初步感觉到我们生活在充满声音的环境中，激发学生想知道声音更多奥秘的兴趣。接着谈话："我们生活在充满声音的世界里，关于声音你想提出什么问题呢？"学生肯定会提出许多问题：比如，声音是怎样来的？我们怎样才能控制声音？等。——从而揭示课题《声音是怎样产生的》。

2. 分组实验，步步引导

活动一：使物体发出声音。

如何步步引导学生通过实验提出猜想并逐步验证猜想呢？我设计如下环节：

（1）明确目标和要求；

（2）分组实验，完成表格；

（3）反馈交流，评价点拨；

（4）提出质疑，产生冲突；

（5）观察实验，初步建立"声音是由物体振动产生的"的概念。

在第一环节，我会和学生进行如下谈话：同学们，接下来我们就通过实验探究活动来寻找答案，教师为每个小组准备好了鼓、钢尺、皮筋，你能想办法让它们发出声音吗？下面分小组进行实验，做实验前请大家共同来看看实验目的和要求。

在学生明确实验目的和要求之后，便进入第二环节的活动中，学生分小组进行实验，完成表格的填写，教师巡视指导。这个环节可能会出现学生将注意力放在制造声音的响度上，这时我会提醒学生："老师不是看哪组同学制造的声音响，而是看哪组同学想到的让物体发声的办法多。"这样既可以管理课堂，又可以培养学生的发散性思维。

学生充分动手操作并完成表格之后，进入"反馈交流，评价点拨"环节，我提出本课要探究的核心问题："声音是怎样产生的？"这时学生的回答还是在他们已有的经验基础上做出的。学生的猜想可能是"声音是物体受到力的作用产生的"或"声音是由于物体运动产生的"。当然，这些猜想并没有探究到声音的本质。但只要是建立在学生在实验过程中的所见所思的回答，我都会给予肯定，并让学生相互评价补充。此段教学中,我并不急于马上将"物体振动产生声音"这一概念灌输给学生,而是通过下一环节的"质疑",让学生的猜想与事实之间产生强烈冲突,从而引发学生进一步探究的欲望。

所以,在第四环节,我会向学生提出质疑:"如果声音的产生是像你们猜想的那样,是因为'物体受到力的作用'或是'由于物体运动产生的',那为什么对物体用力按压时、弯曲时、拉伸时并没有发出声音呢?"这个质疑会让学生动摇之前的猜想,当学生困惑之时,教师抛出新的任务:"再做刚刚的实验,并仔细观察:不同物体发出声音时都有什么共同的特点?"

学生再做实验并观察实验之后,进行交流汇报。多数学生可能都发现"尺子和橡皮筋在发出声音时都会动",有可能会说是颤动,这时我会告诉学生用"振动"这个词更为准确,并对"振动"一词进行板书。(板书:振动——声音)

随后,我进一步追问:我们通过实验看见了发声的尺子、橡皮筋在振动,那么鼓发声时是否也在振动呢?你能想办法看到鼓面是否振动?学生可能会提出用手摸等办法,教师给予肯定的同时,可引导学生借豆子来观察鼓发声时鼓面是否在振动。当学生看到发声的鼓的鼓面上的豆子在跳动时,教师趁热打铁,以提问的形式过渡到教学过程的第三部分——观察实验,形成概念。

3. 观察实验,形成概念

活动二:观察发声的物体。

(1) 教师出示音叉并击打,问学生:音叉被击打后发出了声音,你能想一个办法让眼睛看到音叉是否在振动吗?在听取学生的方法时,适时引导学生借水来观察——把振动的音叉放入水中,观察水面有什么变化从而判断音叉是否在振动。

(2) 让学生自由谈自己观察到的现象,教师适时总结:当一个物体(如音叉、鼓、钢尺、皮筋、铁钉等)在力的作用下,能不断重复地做往返运动,这个物体就是一个振动物体。之后引导学生总结出"物体振动产生声音"这一概念,教师完善板书。

为了强化学生对这一概念的理解,我设计了一个趣味小实验:怎样使鼓声立即消失?通过实验学生发现当鼓的振动停止时声音也随即消失。至此学生已认识并理解了"物体振动产生声音"这一科学概念。

4. 拓展设疑,铺垫后续学习

"音乐家能利用琴弦的振动,演绎出许多美妙动听的曲子,请听!"(课件播放音乐)听后我问:听了刚刚的这一段曲子,关于声音,你们有什么想知道的吗?学生可能会提出"声音是如何让我们听到的?""声音为什么有高有低?"等问题,这时我会告诉学生,他们提出的这些问题是接下去将逐步学习的内容,引导学生可以先自己通过多种途径寻找答案,以便在后面的学习中与教师和同学一起探讨。最后,我会以这句话结束本节课:关于声音的奥秘,还有很多等着我们去探究,让我们共同期待下一节科学课吧!

四、紧扣课题,说板书和小结

声音是怎样产生的
物体振动产生声音

在整个教学过程中,我始终努力贯彻以教师为主导,以学生为主体,以问题为基础,以能力方法为主线,有计划地培养学生的实验观察能力、分析概括能力和创新能力为指导思想。并且我利用多种教学手段来激发学生的学习兴趣和探究热情,使学生的探究活动逐步深化,既习得了科学知识,又学会了科学探究的方法,还培养了学生的科学素养。

以上是我的说课,敬请各位专家批评指正,谢谢![①]

课后练习

1. 参考上述两个说课案例,分析其主要内容有哪些?是否体现了学科性?如何体现的?根据所学知识,分析上述两个案例分别有哪些优点和缺点?请试着修改其不足。

2. 从《义务教育小学科学课程标准》(2017版)中找出4个不同领域的教学内容,完成本次教学内容的说课(格式上可参考上述的说课模板)。

3. 从备课到说课的转化,你认为小学科学教师应当怎样拓展自己的阅读范围来深度解读《义务教育小学科学课程标准》(2017版)?请找出5本你认为最适合小学科学教师阅读的书籍,附上主编、出版社、出版日期和书号,并与同行交流分享。

4. 谈谈你对"说课现场是说课规范和说课者表达美的形象与情境的组合""说课是科学又是艺术"这两句话的理解。

---

① 节选:https://wenku.baidu.com/view/476f300edcccda38376baf1ffc4ffe473368fdeb.html?rec_flag=default&sxts=1565839362466

第三节 小学科学评课的特点与流程

一、小学科学评课的特点

评课是听课(也叫观摩上课)后的教学延伸,是教学教研活动必不可少的组成部分。其开展的最终目的就是改进教学、探索教学规律、提高教学效率、优化教学质量。这就决定了评课具有诊断性、导向性、教研性的特点。

1. 诊断性

诊断性是评课最大的特点。评课者可以通过对授课教师的课堂教学进行统计、分析,诊断出授课教师的教学理念和教学思想是否先进、教学目标是否达成、教学方法及教学手段是否科学合理、教材知识处理和教学过程设置是否得当等信息;评课者也可以通过观察课堂教学中学生的实际反应和教学效果,诊断学生学习的实际状况,发现学生的学习困难和学习障碍。然后将这些诊断结果告知授课者,达到对教学进行有的放矢的改进,提高教学质量之目的。

2. 导向性

合格的评课一定是从教学思想理念、教学目标等角度对一节课进行详细的分析与评价,为教师本节课乃至今后的教学提供清晰的方向和目标。所以说评价就如教学活动的"指挥棒",具有教学导向的特点。

3. 教研性

评课是联系教学实践与教学理论的纽带。俗话说"理论源于实践,实践检验理论"。好的评课能够有效地将教学中的宝贵经验概括提炼出来,形成新的教学规律以及教学理论,然后反复在新一轮的教学与评课过程中实践、打磨、改进,最终形成有价值的教学研究成果。而教师们也能在这个过程中逐渐发展成为有教学研究能力的教师。

二、小学科学评课的流程

小学科学评课的实施流程主要包括三个环节:评课资料的收集、评课资料的整理与分析、评课结果的交流与改进。

1. 评课资料的收集

巧妇难为无米之炊,评课也是如此。教师们在评课活动之前应该要做好评

课资料收集工作,尽可能地收集被评课的各种信息,为准确评价一堂课的质量提供可靠的事实依据。

收集评课资料信息可以从以下几个方面入手:

(1) 熟悉课标、研习教材

在观摩一节课之前,评课者应该要对这节课的内容、教学目标等有一个基本的认识,尤其需要熟悉《义务教育小学科学课程标准》(2017版)和听课的教材内容。评课者只有事先了解了小学科学课程标准中关于此课的教学目标和内容框架、知识内容深浅、科学学科素养等要求,同时结合科学教材内容,才能在观摩授课的过程中,根据授课的实际情况,有的放矢地主动参与和思考、在听评课时和其他教师碰撞出思想的火花。

(2) 学会听课

听课是收集课堂教学信息最直接、最可靠的方式,评课是建立在听课基础上的。教师们只有完整地了解或参与了一节课的发生、发展和结果,才可能理性、正确地分析和评价一节课。听课是重要且有一定难度的活动,很多新教师和在校师范生们不知道听课该听什么,该关注哪些方面,听课的时候缺乏目的、没有重点,甚至对一节课质量高低都没有明确的判断标准,这样就很难获取准确的、重要的评课信息,也达不到教学评价的目的。

学会听课一般要先明确听课的目的、听课重点和质量评价标准,在听课过程中主要关注教师怎么教、关注学生怎么学。可以从以下角度关注"教师怎么教":这节科学课的教学目标是什么;是以什么依据确立的教学目标;在具体的教学环节中运用了什么教学手段来呈现这个教学目标。另外,还可以关注:这节科学课是否结合了生活中的实例来创设情境,创设了什么样的情境,体现了怎样的教学理念和思想;这节科学课是否让学生进行了科学探究和巩固迁移,培养了学生的何种技能;这节科学课是否体现了"学生为主体、教师为主导"的教育理念;教师的基本功(比如板书、教具运用、语言表达等)是否扎实;等等。

可以从以下角度关注"学生怎么学":学生在这节科学课上是否愿意参与互动、主动思考、积极讨论并动手操作;学生在这节科学课上是否锻炼了提问、分析与解决问题的能力;等等。

(3) 读教案、问学生

教案是教师为顺利而有效地开展教学活动的实用性教学文书。教案包括教材分析和学生学情分析、教学目的、重难点、教学准备、教学过程及课堂练习等。在被允许的情况下,读一读授课教师的教案,可以更清晰地了解整个教学过程设计思路和具体内容,从而在评价此课的达成情况时有根有据。

学生是教学过程的主体。研究"教"、开展评课研讨活动,根本的目的还是让学生更好地"学"。因而,一节课结束后,评课教师应及时询问学生的学习情况,从而更全面地评价课堂教学的效果。

2. 评课资料的整理与分析

观摩结束后,教师们收集到的评价资料信息一般会比较分散和杂乱,因此需要通过回忆、沟通等方式整理信息记录。然后利用科学的方法将资料条理化、清晰化。具体的方法可以是对照评课需要、评价的内容逐一进行剖析,从而清楚地理清本节授课中做得好、可发扬学习的方面,做得不够好、需要改进的方面,最后形成对这节课的总体概括评价、提纲具体评价、弱点及其可能归因,并提出改进建议。

3. 评课结果的交流与改进

最后,参与评课的教师们与被评课的教师应聚在一起相互交换听评课的意见。教师们在这个过程中要注意做到有理有据、不空洞说教、不泛泛而谈;表达评课建议时要做到详细具体、易于理解和操作。在这个过程中可能会出现观点意见上的分歧,教师们应该端正情绪和思想,进行更进一步的深入探讨和教研实践。

三、小学科学评课的内容

在评课活动中,教师、学生、教学内容、教学手段等构成课堂教学活动的因素都属于评课的内容范围。通常来说,评课的内容包括教育理念、教学目标、教材处理、教学方法、教学过程、教学基本功、师生关系和教学效果等。

1. 评教育理念

教育理念是关于教育教学的应然的理性认识和主观要求,教师的教学行为反映了教师的教学思想和教育理念,教师的教育理念与教学思想又指导着教师的教学行为。教育要行,理念先行,所以评课过程中要时刻衡量教学是否遵循和落实小学科学教育理念。《小学科学课程标准》中课程基本理念有:① 面向全体学生;② 倡导探究式学习;③ 保护学生的好奇心和求知欲;④ 突出学生的主体地位等,建议评课者以此四个教育理念为依据进行评课。

2. 评教学目标

教学目标是教学活动的方向盘,也是判断教学是否有效的直接依据。制订正确的教学目标并在教学实施中达成目标是一节好课的前提。在评课时应该从教学目标的确定和教学目标的达成情况来分析。

教学目标的达成与否主要是评判教学目标在每一个教学环节中是否都有明确的体现,教师所选择的教学手段以及教学活动的设置是否都紧紧围绕教学目标、为实现教学目标而服务；教师是否快速、准确、科学地突出了教学重点知识和难点知识，培养和强化了学生的技能等。就小学科学这门学科而言，教学目标确立的依据是《小学科学课程标准》。所以教学目标的评价应该从小学科学的课程目标出发，结合年级段、单元教材的特点、学生年龄与认知特点，从知识与技能、过程与方法、情感态度与价值观三个维度来评判其落实情况。

3. 评教材处理

教材处理就是指对教材教学内容的选择和利用，也就是日常教学中"教什么""选什么来教""教什么最好"的问题。教材处理组织的逻辑是否合理、教材内容的把握是否准确、对教材进行创造性的加工与使用是否得当等都是评课值得考虑的内容。

4. 评教学方法

教学方法是指教师在教学活动中为完成教学目标和教学任务而采取的活动方式。教学方法不单单是教师的教学活动方式，还包括了学生在教师指导下"学"的方法，是"教"与"学"的统一。在评课过程中，要从教法使用和学法指导两个方面去评析教学方法的应用。

"教无定法，贵在得法。"教法的选择应该是量体裁衣的，会因为教学内容、学生甚至教师自身的特点而变化。评教师的教法时，既要看教师能否根据实际情况灵活恰当地选择教学方法，也要看教师能否在教学方法的多样性上进行创新和突破。

学生是学习的主体。新课程改革倡导"自主式、探究式和合作式"的学习方法。这些良好的学习方法对学生知识的获得与能力的培养至关重要。评课时要看教师是否主动地对学生的学法进行明确的指点、提示、说明。"教法举一，学法反三"，评课时还要看教师对学生的学法是否进行了有效的示范。

5. 评教学过程

教师的教学过程设计与实施情况关系到教学目标能否达成，教学过程的思路是否清晰、结构是否合理是评课的主要内容。

教学思路是教师根据教学内容和学生的实际水平等情况设计出来的一节课的脉络和主线。不同的教师对同一节课的教学思路设计是各不相同的，主要体现在组合编排、衔接过渡以及详略与讲练分配的区别。教师们在评教学思路的时候，应该首先考虑教学思路的设计是否符合小学科学教学内容的实际情况和学生的实际认知水平；其次要分析这节课的教学思路是否层次清晰、脉络分明；最后看教学思路的设计是否有创新。

课堂结构又称为教学步骤或者教学环节。不同的课堂结构产生的课堂效果会有不同。教学环节的各个部分的确立、联系、顺序以及时间的分配是评课需要考虑的内容。结构严谨、环环相扣、过渡自然,时间分配合理,密度适中,效率高的课堂结构是优秀课堂必备的条件。

6. 评教学基本功

教学基本功是体现授课者师范生素质的主要表现,也是很多评课的基础内容。一般从以下几个方面来评定教师基本功:

(1) 评教学语言。教学语言是教学信息的载体,是教师引导学生完成教学任务的主要工具,也是师生情感交流的重要媒介。在课堂上,教师是否声音洪亮,吐词清晰,语言流畅,语速从容,精炼生动,有启发性以及能否准确使用学科语言等都是评课的主要内容。

(2) 评板书设计。板书设计是一节课精华内容的浓缩,是教学的点睛之笔。教学板书评价的内容包括板书设计是否科学合理、依纲扣本、言简意赅、条理清晰,字迹工整美观等。

(3) 评教姿教态。良好的教态可以营造自然和谐、平等融洽的课堂氛围,增进师生之间的情感,使学生更积极主动投入课堂中。

(4) 评现代教育媒体运用。科技发展在给生活带来改变的同时也给教育带来了新的启示。短视频微课、翻转课堂、虚拟实验室等现代技术以其强大的交互功能和影音功能以及超文本属性等给学生带来更综合的刺激和直观的理解。是否合理、熟练、时机得当地运用现代教育媒体技术也是教学基本功是否扎实的体现。

(5) 评实验能力。科学实验能力是小学科学教师区别于其他科目教师的重要能力,能否正确规范地演示实验、能否有效地引导学生实验操作是评定小学科学教师基本功的重要内容。

7. 评师生关系

课堂教学是由教师的"教"与学生的"学"共同组成的双边活动,美国心理学家罗杰斯说过:"成功的教学依赖于一种真诚的理解和信任的师生关系、依赖于一种和谐安全的课堂气氛。"显然,师生关系的好坏直接决定了教学活动是否取得成功。所以在评课活动中,评课教师们应该关注到:在课堂教学活动中,上课教师是否摆正了师生关系,是否明确了学生的教学主体地位;教师是否起到了学生主动学习的指导者和组织者的作用,是否调动了学生学习的积极性、主动性和独立性,引导学生成为教学活动的全面参与者;教师是否结合了学生的具体发展情况来调整教材内容、精心组织教学,是否创建了轻松、民主、和谐的课堂教学氛围等。

8. 评教学效果

教师的"教"是为了学生的"学"。教学活动的本质是学习活动,其根本目的在于促进学生的发展。故而"学生学得怎么样"是评价一节课好坏优劣、成功与否的关键要素。评价一节课的教学效果可以从以下方面进行:① 教师的教学效率是否高,学生思维是否活跃,课堂气氛是否热烈;② 学生的受益面是否广,各个层次的学生是否都有进步和收获,三维目标是否基本达成;③ 学生学得是否轻松愉快且积极性高,学生的负担是否合理;④ 教学活动结束后学生们的发展状况如何;等等。

课堂教学是一种复杂的、多维的活动,以上所举评课的内容并未穷尽所有的评价项目。评课中可以评价的内容很多,但不必面面俱到,以免泛泛而谈。评课具体的着重点要根据听课内容或者评课的主题,找到这节课最明显的优点特长和遗憾等来评价,力争评出特色,评出发展性。

四、小学科学评课的基本类型

在实际的教学工作中,各级各类的听评课活动开展的目的常常各不相同,因而评课活动的类型也就有所区别,以下列举了主题研讨型、综合比较型、行为跟进型三种常见的评课类型。

1. 主题研讨型

主题研讨型的评课模式是围绕一个主题进行教学评价。此模式易于凸显评课的重点和特色,有利于某一具体教学理论与教学实践的结合。

主题研讨型评课的开展,首先要确定活动的主题。一般是根据教育教学理念来确定评课活动的主题。比如以"小学的科学学习要以探究为核心"这一小学科学的课程基本理念为课堂观察视点来确定,评课的主题可以为"如何有效实施实验探究教学""实施探究教学的模式有哪些"等。这种根据课程基本理念确定评课主题的评课模式,一般是把着眼点放在对课堂教学行为的分析上,着重点在于评价教师的哪些教学行为体现了课程基本理念,理念又是如何向具体的课堂教学行为转化,最终落实到对学生学习兴趣、知识掌握、技能形成,以及思维、创新能力培养等教学中的。

2. 综合比较型

综合比较型评课模式是指教师综合地将多个不同的考察方面或评课项目汇总在一起进行评价的过程。此评价模式常与同课异构教研活动紧密结合,一般是针对同一节课,将多位教师的教学过程、教学理念、教学方式、教学模式等进行比较，从不同的角度比较出每一节课的风格、特色以及不足之处。

3. 行为跟进型

行为跟进型评课模式常见于公开课或比赛课前打磨阶段的观摩课。这种模式是指在教师上完一节课后，评课者与授课者共同讨论教学活动中的优点和不足，提出修改的意见，然后在此基础上开展新一轮的教学、评课和再修改，也就是进行教学行为的跟进。这种评课模式的优点就在于通过对一节课反复"上课—评课—修改"，在这个不断重复的跟进过程中，教师对学科教育理念及该课堂教学内容的理解不断加深，教师的教学行为和教学水平也会得到不断的优化，从而促进教师专业化发展。

第四节 小学科学评课的基本要求

一、小学科学评课的主要问题

在小学科学评课中，常常出现如下几个主要问题：

1. 重听课、轻评课

听的多、评的少，甚至只听课、不评课都是常见现象。很多学校都规定了每学期听课的任务，却基本没有规定评课的任务。这在制度上就使评课地位远远低于听课，导致很多有组织的听课活动结束后，却没有人组织评课，授课教师没有机会及时与听课教师交换意见，评课的作用得不到发挥。

2. 浅层化、片面化

评课的浅层化有以下两种主要表现：① 评课者虽然对整节课进行全面分析，但是在表述时却是蜻蜓点水、面面俱到而没有重点；② 评课者在评课时泛泛而谈，不触及教学深层次的、实质的专业性问题，从而导致评课肤浅而流于形式。评课的片面化主要表现在评课时只强调某些局部，忽略整体。

3. 科学分析少，主观印象多

在评课活动中，很多教师不能真正做到严谨科学地按照评课的标准流程，而是无准备地听课，在评课时不以授课实际为依据，不能科学地分析问题，而是以主观印象来判断。在评课中出现的诸如"设计巧妙""感觉不错""好""赞""妙""不是太好"等词句基本就是凭印象。

4. 重评教、轻评学

课堂教学活动是由教师的"教"与学生的"学"共同组成的复杂的双边活动。因而评课就应该既评教师的教，也要评学生的学。然而，在实际的评课活动中，教师们习惯阐述教师的言行，很少剖析学生的言行，很少去洞察学生学习时的神态、习惯，体察学生的心灵、情绪。即使提到了学生，也只是一掠而过。评课的视角大多局限在教师的角色意识里。

二、小学科学评课的基本要求

1. 清楚评课的主要目的

了解每次评课活动的具体目的，是展开有针对性的评课的基础。评课活动开展的具体目的不同，评课时就要有相应的侧重点。比如对新教师的指导性评课活动，评课时就要先肯定与表扬，然后再提出改进意见。如果是研讨性的评课活动，就要紧抓住研讨的主题，突出"研究与讨论"。如果是观摩性的评课活动，要着重评价课的优点及值得借鉴的地方。

2. 保证评课的科学客观

评课要讲究客观性和科学性。只有开展科学、客观的课堂教学评价，才能提高评课活动的质量。

要保证评课的科学和客观，就要保证评课的评价标准和评价过程是科学的。在整个评课过程中，所有的评价应该符合教育教学的基本规律。评课的依据要符合社会对人才的培养需求、小学科学的课程目标、小学生的身心发展规律等。在评课前，首先教师收集的评课资料信息要系统、准确、真实、全面。其次在评课的时候不能主观随意，要严格按照既定的评价标准客观评价。

为了既充分保证评课的科学性与客观性，又体现教师个人评课的侧重点和评课特色，很多评课活动都先使用了教学评价标准量表来进行量化评价，再进行表达探讨式的定性评价。

3. 熟悉评课的内容标准

评课需要事先了解和研究听授课的内容和相关背景，了解评课的内容，明确听课时要观察的各项指标。以下为一份教学评价量表，供参考：

表 5-1 小学科学课堂教学评价量表

课题		学校		年级		执教者			
评价内容	评价标准			权重	等级				得分
					优	良	中	差	
教育理念	1. 从全面育人的理念出发,注重学生综合素养的均衡发展; 2. 教师主导与学生主体作用得到较好的发挥,恰当地处理好教与学的关系。			10	10—9	8—7	6	5—0	
教学目标	1. 教学目标符合科学课程标准和学生接受能力; 2. 三维目标有机结合,目标明确、具体、可行; 3. 在教学过程中,能围绕教学目标开展教学活动。			15	15—13	12—11	10—8	7—0	
教材处理	1. 能驾驭教材,准确地把握教学重点、难点和关键; 2. 对教材合理地进行取舍加工,补充相关情境材料; 3. 挖掘教学内容与现实生活、与学生已有经验的联系; 4. 教学内容转化成递进式科学探究活动。			15	15—13	12—11	10—8	7—0	
教学方法	1. 教法恰当、善于启发,充分发挥学生的主体作用; 2. 重视学法指导和科学思维能力的培养; 3. 教学方法多样,注重及时反馈,合理调整; 4. 注重正面评价,激发学生学习积极性。			15	15—13	12—11	10—8	7—0	
教学过程	1. 教学思路清晰,层次清楚,结构合理,突出重、难点的有效解决; 2. 突出学生主体性及多向互动,把动手实践、自主探索与合作交流作为重要的学习形式; 3. 教学节奏适当,时空分配合理,教学进程自然流畅,过渡合理。 4. 有效、有序组织科学探究活动,引导学生亲历科学活动的全过程。			15	15—13	12—11	10—8	7—0	

(续表)

课题		学校		年级		执教者			
评价内容	评价标准			权重	等级				得分
					优	良	中	差	
教学基本功	1. 语言清晰流畅、精炼生动、有启发性； 2. 板书科学合理、重点突出、工整规范； 3. 教态端庄大方、自然亲切； 4. 熟练使用现代教学媒体，实验操作演示规范。			10	10—9	8—7	6	5—0	
师生关系	1. 教师创设自由、平等、民主、轻松的课堂学习氛围； 2. 学生大胆猜想，认真实验，主动合作，积极交流； 3. 师生关系和谐融洽，教与学相互配合、相互适应、相互促进、协调发展。			10	10—9	8—7	6	5—0	
教学效果	1. 全面达到预期教学目标，完成教学任务； 2. 学生获得成功的心理体验，学习积极主动； 3. 各层次学生知识结构形成，基础能力得到发展； 4. 学生的科学探索精神和创新意识得到发展。			10	10—9	8—7	6	5—0	
重点评价记载									
	总分_____ 等级_____								

注：等级标准：优：90—100分；良：75—89分；中：60—74分；差：60分以下。

三、小学科学评课的案例

《一杯水能溶解多少食盐》评课稿

小学科学教育的目的就是要培养学生科学的思维方法,要引导学生学会提出问题并解决问题,发展学生的科学素养。陈斌教师执教的科学四年级上册内容《一杯水能溶解多少食盐》,能立足课堂,以探究为核心,培养了学生的思维能力。

一、教师的"引",让思维点燃

疑问是激起学生进行思维活动的原动力。陈老师在课堂导入时,通过实验演示,先问大家:在 100 mL 水中加一勺盐可以溶解吗?这是有生活基础的,学生立马回答出:能。接着教师加盐并搅拌,学生观察到盐果然溶解了。接着问:再加一勺盐,还能继续溶解吗?学生猜测说:能。于是又加一勺盐并搅拌,盐果然又溶解了。在教师的追问中这样的过程重复了三次,每次盐都溶解了。教师再问:如果我们把这里所有的盐全都倒进去呢?都会溶吗?学生这时候很疑惑了。教师追问:那么水到底能溶解多少食盐呢?这激起了学生探究的好奇心,从而为本节课确立了科学探究的主题。这时教师还没有结束,又出示了两个大小不同但是装有同样高度的水的烧杯。问:同学们,这样来做可以吗?其中有一位学生说:可以。教师也不急着否定,继续引导性地问其他的学生,回答不可以的。为什么要设置这个环节呢?这个环节让学生通过对比两个不同规格的烧杯思考明白,如果要弄清楚一杯水中最多可以溶解多少食盐,就必须要先知道杯子里有多少水。

这节科学课突出强调了在让学生的手动起来的同时,更要让学生的小脑袋也动起来,最终在课上将这堂课需要学生们掌握的知识和技能内化。在教师引导学生思考:通过猜测后,假如 50 mL 水能溶解 40 g 食盐,你认为每次加多少食盐比较适合呢?有的学生说要一勺一勺加;也有学生说干脆两克、两克地加……教师引导:同学们,每次加盐的时候是先多后少还是先少后多呢?学生通过思考得出:应该前面每次多加一些,后面每次加少一些,这样既可以保证实验的速度,又可以确保实验的准确性。这样学生就明白了更科学的实验操作方法……像这样注重引导的事例在这节课的很多环节中都有充分的体现。如:什么时候又可以加盐了?溶解完后还剩下一点点怎么办?等等。

二、科学地表述,让思维开花

学生的思维能力与思考情况,是通过他们的语言传达出来的。那么,教师在上课时使用准确科学的语言表述更有助于学生的思维发展。

陈老师在这节课上十分重视学生对语言的表述。如让学生说什么时候又可以加盐了？学生回答等溶解完了再加；剩一两颗时再加；剩一半时再加……从学生的语言中反映出孩子们对什么时候可以加盐了，有了较清晰的认识。再如，师问：还剩下一点点怎么办？学生描述：一勺多一点，半勺，大约几勺半……

三、通过数据分析来迸发思维的火花

小学科学课程标准指出，在进行探究实验时，要注重分析事实证据，培养学生的实证意识，进一步提升学生的推理与举证思维。

这一方面，陈老师在这堂课上是做得很好的。她把学生猜测的食盐溶解量和通过实验后得出的实际的食盐溶解量都一一记录在了黑板上，让学生非常直观地去观察两组数据。从数据中去发现学生一开始的猜测是多了还是少了，为什么会这样。这样在潜移默化中培养了学生严谨的科学态度和实证意识。虽然三四年级学生对实验数据的分析还不是那么熟悉，但只要我们有意识地去培养、训练，学生思维水平会得到进一步的提升。

课堂教学是一门遗憾的艺术。再精彩的课也必然有一些值得大家再商榷斟酌的地方。在陈老师的这节课上，我认为有两个方面可以再优化一下：

1. 关于实验材料的选择：学生在用勺子"量"取食盐的过程中，教师提供给学生量的材料是"筷子"，以此保证一平勺大约是 1 g。然而学生在实际操作时，可能会多刮去一些或少刮去一些。这样就使得实验的准确性不那么高。我建议是否可采用牙签来刮，会不会更好。

2. 关于课的拓展延伸：学生经过实验已经得出了 50 mL 水大约能溶解 20 g 食盐。教师是否可以设问：100 mL 水能溶解多少 g 食盐呢？课后可以让学生继续去探究。

以上是我对陈老师《一杯水能溶解多少物质》的评课，所有观点仅为个人看法，如有不当之处，希望各位不吝赐教。谢谢。

节选：https://wenku.baidu.com/view/393dfc10ff00bed5b9f31df5.html

课后练习

1. 简述评课的基本要求。

2. 利用你学到的课堂教学评价知识，上网查询多节《科学》不同课型的教学录像，听课并评课，最后提出合理的教学改进意见。

参考书目

[1] 郝瑞经. 微格教学训练引导[M]. 中国文联出版社, 2008.

[2] 张占亮. 师范生教育教学技能训练教程[M]. 高等教育出版社, 2012.

[3] 周晓庆, 王树斌, 贺宝勋. 教师课堂教学技能与微格训练[M]. 科学出版社, 2013.

[4] 邹尚智. 课堂教学技能: 名师经验[M]. 天津教育出版社, 2013.

[5] 李兴国, 田亚丽. 教师礼仪[M]. 华东师范大学出版社, 2006.

[6] 谷宝成. 图解教师手册[M]. 电子科技大学出版社, 2008.

[7] 廖李芳. 教师课堂教学技术与艺术[M]. 东北师范大学出版社, 2010.

[8] 魏饴, 张天晓. 教师职业技能训练[M]. 高等教育出版社, 2008.

[9] 曾宝俊, 王天峰. 小学科学教师入门十课[M]. 化学工业出版社, 2019.

[10] 李松林, 巴登尼玛. 新课程教学设计原理与方法[M]. 人民教育出版社, 2014.

[11] 王晨光. 义务教育小学科学课程标准: 科学概念·术语·实验[M]. 北京师范大学出版社, 2019.

[12] 张肇丰, 徐士强. 教育评价的30种新探索[M]. 华东师范大学出版社, 2014.

[13] [日]田中耕治著, 高峡等译. 教育评价[M]. 北京师范大学出版社, 2011.

[14] 方贤忠. 如何说课[M]. 华东师范大学出版社, 2008.

[15] 丁昌田. 核心素养导向的说课[M]. 天津教育出版社, 2018.

[16] 严先元. 教师的教学技能[M]. 中国轻工业出版社, 2007.

[17] 郭英, 张霡. 教学技能训练教程[M]. 科学出版社, 2012.

[18] 彭小明, 邓东辉. 课堂教学技能训练[M]. 高等教育出版社, 2012.

[19] 李涛. 教师常用教学技能训练[M]. 中国轻工业出版社, 2014.

[20] 吴萍. 新编教师教学技能训练教程[M]. 北京师范大学出版社, 2011.